U0932395

本书由山西大同大学基金资助出版

物理实验创新研究

——“非常规”物理实验设计制作能力培养

刘炎松　著

北　京
冶　金　工　业　出　版　社
2009

内 容 提 要

本书从物理新课改对未来教师的要求，分析了当前师范院校物理实验教学中存在的盲点；阐述了“非常规”物理实验的理论基础，“非常规”物理实验方案与器具的开发设计研究和“非常规”物理实验制作技巧；并以“非常规”物理实验方案设计为手段、以“创造技法”为主要方法，对高等师范院校物理师范生实施专题培训，培养他们的创造能力，探索师范院校物理学专业培养师范生实验课程资源开发设计制作能力和创新方法的有效途径，为物理教师教育课程体系中增设相关课程的必要性和可行性提供研究依据。

本书可作为师范院校本专科生选修课教材，中学物理教师继续教育培训教材，也可作为中学物理教师教学参考书。

图书在版编目（CIP）数据

物理实验创新研究：“非常规”物理实验设计制作能力培养/刘炎松著. —北京：冶金工业出版社，2009. 3

ISBN 978-7-5024-4824-0

Ⅰ. 物…　Ⅱ. 刘…　Ⅲ. 物理课—实验—教学研究—师范大学—教学参考资料　Ⅳ. G633. 72

中国版本图书馆 CIP 数据核字（2009）第 019102 号

出 版 人　曹胜利
地　　址　北京北河沿大街嵩祝院北巷 39 号，邮编 100009
电　　话　(010)64027926　电子信箱　postmaster@ cnmip. com. cn
责任编辑　朱华英　美术编辑　张媛媛　版式设计　张　青
责任校对　栾雅谦　责任印制　李玉山
ISBN 978-7-5024-4824-0
北京百善印刷厂印刷；冶金工业出版社发行；各地新华书店经销
2009 年 3 月第 1 版，2009 年 3 月第 1 次印刷
850mm×1168mm；1/32；6. 375 印张；157 千字；191 页；1－2000 册
20. 00 元

冶金工业出版社发行部　电话：(010)64044283　传真：(010)64027893
冶金书店　地址：北京东四西大街 46 号(100711)　电话：(010)65289081
（本书如有印装质量问题，本社发行部负责退换）

前　言

基础教育课程改革强烈冲击着我国现有的教师教育体系，对培养未来教师主力军的高等师范院校提出了新的更高的要求，它要求未来教师具有课程资源开发的意识和能力，作为未来物理教师的高等师范物理师范生就应该具有利用生活资源开发物理实验的意识和能力。而当前的高等师范院校侧重了对物理师范生在条件良好情况下实验教学技能的发展，忽视或淡化了在“条件不良”情况下有效开展实验教学活动的能力，或者说，轻视了对物理师范生自主开发利用实验课程资源的意识与能力的培养，这与基础教育物理课程改革对师资的要求出现一定差距。本书旨在探讨以“非常规”物理实验方案设计为手段、以“创造技法”为主要方法，对高等师范物理师范生实施专题培训，培养物理师范生的创造意识、创造精神、创造性思维和实践能力，探索高等师范院校物理学专业培养师范生实验课程资源开发设计制作能力和创新方法的有效途径，为物理教师教育课程体系中增设相关课程的必要性和可行性提供研究依据。

“‘非常规’物理实验”的概念是内蒙古师范大学物理与电子信息学院张伟教授在物理新课程改革背景下提出的，他从资源利用与开发的视角，将物理实验分为两大类：“非常规”物理实验和常规物理实验。作者有幸在导师张伟教授的指导下，完成了内蒙古自治区高等教育科学研究“十一五”规划课题“高师物理师范生‘非常规’物理实验教学能力培养研究”的子课题：物理师范生“非常规”物理实验设计制作能力培养研究。在此对导师的指导和支持表示感谢!

同时感谢山西大同大学的领导，是他们提供了我脱产学习的机会。

由于水平所限，书中不妥之处，请同行专家、学者不吝赐教。

作　者

2008 年 11 月

目　　录

1　引　　言 ………………………………………………………… 1

1.1　研究现状 ……………………………………………………… 1

1.2　问题提出 ……………………………………………………… 5

1.3　研究意义 ……………………………………………………… 7

1.3.1　理论意义 …………………………………………………… 7

1.3.2　现实意义 …………………………………………………… 8

2　“非常规”物理实验概念辨析 ………………………………… 11

2.1　从资源开发与利用的角度对物理实验分类研究的必要性 ………………………………………………………… 11

2.2　“非常规”物理实验的内涵 ………………………………… 13

2.3　“非常规”物理实验与“自制教具”、“低成本实验”以及“课外实验”的关系 ………………………………… 14

2.3.1　“非常规”物理实验与自制教具的关系与区别 ………………………………………………………… 14

2.3.2　“非常规”物理实验与“低成本物理实验”的关系与区别 ………………………………………………… 16

2.3.3　“非常规”物理实验与“课外物理实验”的联系与区别 ………………………………………………… 18

3　理论基础 ………………………………………………………… 20

3.1　基于情境学习理论的生态化物理教学 ……………………… 20

3.1.1　基础教育新课程的生态化取向 …………………………… 20

3.1.2　有效教学的生态化取向与情境学习理论的基本观点 …… 21
3.1.3　生态化物理教学的概念与特征 …… 23
3.1.4　生态化物理教学过程设计的基本特征 …… 25
3.2　创造力的相关概述 …… 28
3.2.1　创造力的普遍性和可开发性 …… 28
3.2.2　创造性思维与创造力 …… 29
3.2.3　创造力的测评 …… 30
3.3　几种主要创造技法 …… 31
3.3.1　头脑风暴法 …… 31
3.3.2　希望点列举法 …… 33
3.3.3　缺点列举法 …… 33
3.3.4　检核目录法 …… 34
3.3.5　特性列举法 …… 35

4　“非常规”物理实验方案与器具开发设计研究 …… 37

4.1　“非常规”物理实验方案与器具设计原则 …… 37
4.1.1　目的性原则 …… 38
4.1.2　熟悉性原则 …… 39
4.1.3　简易性原则 …… 40
4.1.4　参与性原则 …… 42
4.1.5　关联性原则 …… 44
4.2　“非常规”实验方案与器具设计的一般程序 …… 45
4.2.1　了解环境资源可利用状况 …… 46
4.2.2　确定“非常规”物理实验内容 …… 47
4.2.3　根据实验内容选择生活资源 …… 48
4.2.4　具体实验方案与器具设计 …… 50
4.3　“非常规”物理实验方案与器具设计专题研究 …… 75

4.3.1　针对实验主题的“非常规”物理实验方案设计案例研究 …………………………………… 76
4.3.2　针对具体实物的“非常规”物理实验方案设计案例研究 ……………………………… 103

5　“非常规”物理实验器具的制作技巧 ……………… 120

5.1　金属板金属丝的加工技巧 ……………………… 120
5.1.1　金属板的整平 ……………………………… 120
5.1.2　金属板的弯制 ……………………………… 120
5.1.3　金属板的裁剪 ……………………………… 121
5.1.4　金属丝的校直 ……………………………… 121
5.1.5　金属丝的加工工艺 ………………………… 122
5.1.6　金属板的锡焊接技术 ……………………… 123
5.2　木材料的加工技巧 ……………………………… 127
5.2.1　配料 ………………………………………… 127
5.2.2　刨料 ………………………………………… 128
5.2.3　划线 ………………………………………… 129
5.2.4　打眼 ………………………………………… 129
5.3　玻璃的加工技巧 ………………………………… 130
5.3.1　平板玻璃的切割 …………………………… 130
5.3.2　玻璃管材的切割 …………………………… 131
5.3.3　玻璃瓶的切割 ……………………………… 132
5.4　塑料的加工技巧 ………………………………… 134
5.4.1　塑料的切割 ………………………………… 134
5.4.2　塑料的弯制 ………………………………… 134
5.4.3　塑料的黏合 ………………………………… 135
5.4.4　泡沫塑料的制作工艺 ……………………… 135

6 利用“非常规”物理实验培养物理师范生创造力的实验研究 …… 137
6.1 实验总体设计 …… 137
6.1.1 实验目的和假设 …… 137
6.1.2 实验设计中被试的选择和实验设计方法 …… 137
6.1.3 实验中的变量和测量工具 …… 138
6.1.4 培训内容、时间安排 …… 138
6.2 实验研究 …… 139
6.2.1 “创造力”测量（前测） …… 139
6.2.2 “头脑风暴法”专题实验 …… 139
6.2.3 “希望点列举法”和“头脑风暴法”的专题实验 …… 140
6.2.4 “缺点列举法”和“头脑风暴法”的专题实验 …… 141
6.2.5 “检核表法”的专题实验一 …… 142
6.2.6 “检核表法”的专题实验二 …… 142
6.2.7 “特性列举法”的专题实验 …… 142
6.2.8 制作 …… 143
6.2.9 “创造力”测量（后测） …… 144
6.3 实验结果 …… 144
6.3.1 实验前测结果 …… 144
6.3.2 关于“头脑风暴法”专题实验结果 …… 145
6.3.3 关于“希望点列举法”和“头脑风暴法”专题实验结果 …… 145
6.3.4 关于“缺点列举法”和“头脑风暴法”专题实验结果 …… 146
6.3.5 关于“检核表法”专题实验结果 …… 147

6.3.6　关于“特性列举法”专题实验结果 …… 150
6.3.7　关于制作实验结果 …… 150
6.3.8　关于实验后测结果 …… 151
6.4　分析与讨论 …… 155
6.4.1　关于创造性思维的流畅性分析 …… 155
6.4.2　关于创造性思维的变通性分析 …… 158
6.4.3　关于创造性思维的新颖性分析 …… 159
6.4.4　关于创造性思维的精细性分析 …… 160
6.4.5　综合分析 …… 161
6.5　“非常规”物理实验课程设置探讨 …… 163
6.5.1　课程目的 …… 164
6.5.2　课程内容 …… 164
6.5.3　授课方式 …… 165
6.5.4　课程的评价 …… 167

附　录 …… 168

参考文献 …… 191

1 引　　言

1.1 研究现状

实验是物理学的基础，因此实验也是中学物理教学的基础。在物理教学中运用实验可以给学生学习物理创设有意义的、真实的情境，使学生能主动建构物理知识和发展能力。而教师是实验情境的创设者，教师的实验素养决定着基础物理教学是否以实验为基础。在现行的高等师范院校物理教育专业课程中，用来培养高师物理师范生实验能力与实验教学能力的课程主要有“普通物理实验”、“近代物理实验”、“中学物理教学法实验”等，其中“中学物理教学法实验”对培养师范生成为合格的中学物理教师具有重要的作用。许多高师院校物理学专业，在这方面进行了积极教学改革探索。

（1）北京师范大学的做法。一是强调基础，发展能力。强调基本仪器和基本工具的使用，强调基本实验方法和实验技术，使学生掌握演示实验常用仪器的原理、结构及使用方法，注意培养学生的观察能力、操作能力和思维能力。

二是突出学生的主体性。要求学生进行教学角色的转变，学生是“演员”，教师是“导演”，教学中注意以学生为主体，充分发挥他们的主动性；学生以双重身份出现，既当学生，又当教师；学生自行处理实验中的问题，同时结合讲解进行演示，要求学生初步设计实验、改进仪器和自制教具。

三是重视现代化教学手段在物理实验中的应用。

四是严把考核关。

（2）哈尔滨师范大学的做法。一是加强物理教学法课程体系建设，编写实验教学法大纲，更新教学内容，呈现系统化教材。第一，形成较完整的实验教学教材体系，教材主要内容应包括：中学物理实验教学概论，实验教学中实验能力的初步规范（包括实验能力的培养、实验设计与自制教具），中学物理实验教学研究与实验基本技能训练。第三，选择基本工艺技术和中学物理教学中重要的、有难度的一些实验作为训练和研究的内容（实验内容选择主要考虑基础性、典型性、设计性的实验）。第三，实验教材的编写上注重贯彻能力的培养，把它贯穿到实验教学的各个环节之中，教材的编写要考虑到培养学生分析问题、解决问题、处理数据、整理与总结能力。要求学生自己设计实验方案，寻找实验结果遵循的关系式，结论自己得出。第四，利用实验室原有的设备，挖掘仪器的功能，加强理论与实验的结合。

二是建立新的课堂实验教学模式。第一，教师集中讲授中学物理实验教学的概论，让学生认识到开设实验教学法的意义和作用。第二，具体实验操作阶段。学生最好 1 ~ 2 人为一活动小组，学生分组人数不宜太多，太多易产生依赖心理，不利于学生讨论问题。学生在实验前要预习，把预习提纲写在作业本上；实验中发现的问题，展开小组讨论、研究，解释不清或寻找不到答案的问题请教指导教师给予解答；让学生掌握实验成功的关键；将实验报告改为笔记加作业形式，重点引导学生思考、研究实验教学问题，积累实验教学经验；实验中，采用小组轮换教学模拟训练法；每个学生既当学生，又当先生，即在下次实验，本组要有一个担任下组本题目实验的讲授指导任务，小组成员轮流担任，给同学提供教学训练的机会，激发学生学习兴趣，提高教学效率。开展小制作活动。第三，总结阶段。期末，教师针对实验教学过程中出现的问题，有争议的答案，今后应进一步需要探讨的问题做概括总结。开放实验室，学生进行综合性复习，准备迎接操作考试和笔试，同时整理笔记，作业上交。

（3）其他院校的做法。

贵州师范大学的做法是：

采用半开放教学法实验室促进高师物理师范生教学能力的提高；洛阳师范学院的做法是：以“自主探索”的方式开展中学物理教学法实验课；河南师范大学的做法是：针对教学法实验课独有的特点：“要让别人懂”，对物理师范生进行“讲、演”训练；通化师范学院的做法是：在中学物理教法实验中全面推行研讨式教学等等。

从以上这些学校在“中学物理教学法实验”课程的教学实践，我们可以看到他们改革的共同点：突出了高师院校师范性的特点，注重了对未来物理教师实验操作技能、完成实验报告技能、组织实验教学技能的培养。即侧重了对物理师范生在条件良好情况下实验教学技能的发展，忽视或淡化了在“条件不良”情况下有效开展实验教学活动的能力，或者说，轻视了对物理师范生自主开发利用实验课程资源的意识与能力的培养，这与基础教育物理课程改革对师资的要求出现一定差距。主要表现在以下几个方面：

第一，没有更好地体现新课程的基本理念：“从生活走向物理，从物理走向社会”。物理学之所以成为自然科学的基础，是因为它是一门具有方法论性质的科学。通过物理课程对学生进行规范的科学方法与技能训练，是提高学生科学素养的目标要求之一。因此，对物理师范生进行实验教学能力培养是无可非议的。然而，高师院校在“中学物理教学法实验”课程上，侧重了在优越条件下对物理师范生进行实验教学能力的培养，这种具有“学院式”倾向的教师教育，导致师范生们对物质条件的过分依赖以及对理想实验条件的追求，不利于他们将物理与日常生活实际关联意识的养成。这样培养出来的物理教师难以适应新课程理念下的物理教学，难以促进物理实验教学走向真实生活世界、走向现实生态环境，难以沟通学生在校学习与社会学习之间的联系，因此，难以促进中学物理实验教学健康发展。

第二，没能更好地让高师物理师范生“因地制宜”、学会开发实验课程资源。传统课程资源开发主体是学校之外的课程专家和学科专家。这种由专家主导的课程资源开发和利用，关注全国范围内学校教育的共同特征，即关注学校的“共性”，而忽视了地方特色和具体的学校情境。由于我国幅员辽阔，各地存在很大的差异，经济发展不平衡，教育发展水平也不一样。因此，这种关注“共性”的课程资源开发不能反映地方的差异性和不同的学校文化，难以发挥教师个性化教学，因而不能关照学生的个性发展。新课程的一个重要理念，就是要求教师参与课程改革，把课程开发的权利还给教师。教师是课程资源开发的主体，不能忽视教师在课程资源建设中的积极作用。在以往的中学物理教学法实验教学中，侧重了对物理师范生“条件满足”情况下实验教学能力的培养，淡化了对他们“因地制宜”、积极利用本土环境资源开展实验教学能力的培养。因此，在优越的实验条件下培养的未来物理教师，难以适应在物质条件相对贫乏地区有效开展实验教学的需要。

第三，高师物理师范生的创造力没有得到更好的培养。大量的事实表明，创造技法的学习与训练对于提高人的发明创造能力是有帮助的。梅多与帕内斯等在美国布法罗大学通过对 330 名大学生的观察和研究，发现受过创造性思维教育的学生在产生有效的创见方面，与没有受过这种教育的学生相比，平均提高 94%。而目前国内高等师范院校物理学专业开设的中学物理教学法实验课程中，很少运用“创造技法”对物理师范生实施创造力的专题培训。可以预见，如果未来物理教师不懂创造技法、缺乏创造意识和创造能力，那么，结合物理学科教学来培养青少年的创造性、实施素质教育就会成为一句空话。

1.2 问题提出

世纪之交，我国启动的基础教育课程改革，是一场划时代的深刻变革。在这场改革中，其培养目标体现了时代的要求。要使学生具有初步的创新精神、实践能力、科学和人文素养以及环境意识，具有适应终身学习的基础知识、基本技能和方法，为学生全面发展和终身发展奠定基础。作为科学教育的重要课程之一的中学物理，负有培养学生科学素养的重要使命。近年来，虽然中学物理教学改革取得了显著成绩，但与新课程的要求仍有很大差距，其中物理实验教学环节薄弱。有些教师应试教育根深蒂固，把学校单纯地视为传播知识的场所，仍然固守“传道、授业、解惑”的教学观念。很多学校的实验教学基本上是用纸和笔“做”实验，学生与丰富的物理现象和事实的相互直接作用的机会甚少，应试成了学习物理的出发点和归宿。由于许多物理概念和规律不是在手脑并用的科学探究过程中形成的，导致学生缺少分析物理问题的思维表象，因此，不会分析物理图景和物理过程，学生的物理知识变成了僵化的死知识。由于学生年复一年地埋头于书山题海之中，面对着绝对理想化、模型化的题目，进行着毫无实际意义的演绎训练，越来越远离物理学的本来面目和科学方法，致使学生的思维能力得不到均衡的发展，形象思维、直觉性思维和发散性思维能力薄弱。虽然有些教师认识到了动手做实验的必要性，但又陷于另一误区，即按部就班进行刻板的技能训练。由于忽视主动获取信息、处理信息、交流信息和评价信息能力的训练，因此学生缺乏独立学习、独立思考的习惯，大胆提出问题和创新意识更是十分薄弱。这与培养学生生存能力、实践能力和创造能力的目标是背道而驰的。为了改变这种状况，使学生的学习建立在有意义的、真实与复杂的情境之上，必须重视和改善物理实验教学。在这里，教师的观念和素质是十分重要的。

在新课程的实施过程中，一方面，教师要充分认识到物理实验在物理教学中的重要意义，认识到物理实验对提高学生的科学素养具有不可替代的作用，认识到学生不仅仅要掌握“知识与技能”，更要学习“过程与方法”，体味“情感、态度与价值观”；另一方面，教师要掌握一些改进物理实验、创新自制教具和开发低成本实验的思路和方法，要有随手使用身边的物品做实验的能力。

审视目前中学物理实验教学，绝大多数的教师还是重视物理实验教学的。但有些教师由于教育思想以及自身能力等多方面的因素，仍处于纸上谈兵的状态，缺乏因地制宜、创造条件开展实验教学活动相关能力的发展。一定程度上折射出高师院校物理学专业以往的教师教育中存在“盲点”。长期以来，高等师范院校物理学专业对师范生普遍重视的是利用学校实验室现有设备资源开展的物理实验教学活动的培养，而忽视了对他们利用实验室之外的生活材料、物品和器具等潜在资源与创生资源开展的物理实验教学活动的培养。有学者（张伟等，2005）把上述实验从资源视角做了分类，前一类实验称为常规物理实验，第二类实验称之为“非常规”物理实验，并对第二类实验的特点和教育价值进行了理论上的探讨。如何使未来物理教师更好地“因地制宜”、学会开发课程资源、创新“非常规”物理实验这一问题便摆在高师院校物理学专业课程改革面前。诚然，培养师范生的创新能力将成为培养他们“非常规”物理实验教学能力的核心内容。笔者以高师院校物理学专业低年级学生为研究对象、利用“非常规”物理实验以创造力培训为切入点，对高师院校物理学专业开设相关课程的可行性进行了实验研究。

1.3 研究意义

以“非常规”物理实验方案设计为手段、以“创造技法”为主要方法，对高师物理师范生实施专题培训，培养学生发散性思维的能力，探索高师院校物理学专业培养师范生实验课程资源开发设计能力和创新方法的有效途径，为物理教师教育课程体系中增设相关课程的必要性和可行性提供研究依据，具有重大的理论意义和现实意义。

1.3.1 理论意义

物理新课改中，教师面临新课程、新教材、新教法的挑战，对物理教师的专业素质提出了新的要求，也为物理教师教育提出了新的课题。教师无疑是课程改革的实施者，是课程改革成败的关键，应该让物理教师享有课程开发的权力，并承担课程开发的责任。物理实验是中学物理教学的基础，开发实验课程资源是物理教师教学工作的一个重要组成部分。作为一种专业活动，实验课程资源开发需要一定的理论指导和专门训练。课程改革的经验和教训表明，任何课程都必须包括对教师专业素质的提升。为适应物理新课改对教师提出的期待和挑战，作为培养未来物理教师的高师院校物理学专业，应该增设相应的物理教育专业课程，加强物理师范生开展“非常规”物理实验方案设计能力的培养。只有物理师范生的专业素质提高了，才能保障未来的物理教师提高课程资源开发的意识和能力。

在理论界，对于实验课程资源的开发和利用问题的研究一直没有受到很好的重视。长期以来，人们往往认为物理实验课程资源无非是一些书面的材料、实验室正规厂家生产的器材，而自制的实验教具仅看作是为了解决实验器材短缺问题。这种对物理实验课程资源的理解，制约了人们对实验课程资源的认识和开发利用，无法实现实验课程资源应有的教育意义，也不能落实实验课程资源的课程价值。在物理教学中，如果在利用好学校现有实验条件的基础上，充分利用环境中的材料、物品及器具等物质资源充当实验器材或自制实验器具，开展富有创意、贴近学生生活并由学生主动参与、自主探究的实验教学活动，就会使得物理教学过程生动活泼，学生既理解和掌握了知识，又发展了情趣和实践创新能力。学生素质就会得到全面提高。

1.3.2　现实意义

1.3.2.1　有助于树立高师物理师范生的创造意识

创造意识是一种用新的思路、新的方法去解决问题的意愿和态度。创造意识强的人总能够从不同寻常的独特视角来研究问题，产生出强烈的创造欲望和创造勇气。创造意识来自于对问题的质疑，只有善于发现问题和提出问题的人才能引导他们产生创造的冲动。“非常规”物理实验的物质基础主要来源于生活环境中的物质资源，用它们来呈现物理现象，形成物理概念，探究物理规律，会使师范生感到物理学亲近、真实、可靠，会引起师范生的兴趣、好奇和认知动机，会使师范生产生动手“做一做”的欲望。只有不断地鼓励学生的好奇心，敢于向传统的方法和权威挑战，才能够不断地激发师范生的创造意识。“非常规”物理实验为师范生自主探究、培养师范生的问题意识提供了物质条件。由于问题意识基于怀疑精神，表现出探索的品质，也是创造的起点，有了问题意识，他们的创造意识自然增强。

1.3.2.2　有助于培养高师物理师范生的创造精神

创造精神就是敢于创新。“非常规”物理实验所用材料、物品在生活中容易获得，实验装置易制易修，不怕学生弄坏，便于师范生自主实践、亲身体验、动手动脑、积极探索、敢于创新。同时要鼓励学生敢于向权威挑战，向老师挑战，敢于标新立异、逾越常规，敢于言别人所未言、做别人所未做的事。尤其要培养师范生具备坚持不懈、百折不挠的意志品质，培养他们在遇到困难时，能够持之以恒地去解决疑难问题、不达目的决不罢休的毅力，培养师范生的自信心、探索欲、挑战性及意志力；培养师范生的创造精神。

1.3.2.3　有利于发展高师物理师范生的创造性思维

创造离不开思维。由于“非常规”物理实验是利用实验室之外的生活材料、物品和器具等潜在资源与创生资源开展的物理实验教学活动，其巧妙的设计、独到的构思，将给师范生以创造性思维的启发和激励；其不完美、不理想之处又可促使师范生产生“如何才能做得更好”的创造动机；特别是“非常规”物理实验中蕴含的“它用”、“借用”、“改变”、“扩大”、“缩小”、“代用”、“调整”、“颠倒”、“组合”等丰富的创新思路，无不潜移默化地启迪着他们。此外，经常做这样的实验能够促使师范生重新思考生活环境中的资源，例如，“用气球、鸡蛋、矿泉水瓶等能做物理实验吗?”这类开放性问题会使师范生从新的视角审视环境中的物品和材料，摆脱习惯性思维，并根据它们的材料、功能、结构、形态等为“发散点”，运用其所学，设想出新用途并付诸实践。从这个角度看，物理教学中利用“非常规”物理实验的本身就是结合学科进行创造教育，它要求学生不拘泥于书本，不迷信权威，不墨守成规，充分发挥自己的主观能动性，独立思考，大胆探索，标新立异，积极提出自己的新观点、新思路和新方法，从而有利于发展师范生的创造性思维。

1.3.2.4　有利于培养高师物理师范生的实践能力

创造离不开实践。实践能力是个体在生活和工作中解决实际问题所显现的综合性能力，是个体生活、工作所必不可少的；它不是由书本传授而得到的，而是由生活经验和实践活动磨炼而得的；它很难用试卷考试衡量其高低，只能通过实践活动表现来评价；它是个体生活、事业成功的重要影响因素。在“非常规”物理实验活动中，师范生需要手脑并用解决生活中的物质资源再利用的问题，需要把这些生活中的物质资源进行不同的组合、改制或组装，以完成不同的物理实验，这种接近现实生活的实践活动更能培养师范生的实践能力。

2 “非常规”物理实验概念辨析

长期以来，我们一直在论述加强实验教学的重要性，探讨物理实验的教育教学功能，但忽略了一个重要的问题，即利用不同资源开展的物理实验教学是否具有不同的功能。事实证明，实验教学的成效并不完全取决于学校实验室装备条件的优劣，也就是说，完全利用厂制仪器设备开展的实验教学未必取得良好的教学效果，而开发利用实验室之外的资源开展的实验教学未必不能取得优良的教学效果。一些教师，特别是实验条件相对落后学校的一些教师，他们凭借自己高度的责任感、能动性和创造性，在利用好学校现有实验条件的基础上，充分利用生活环境中的材料、物品或器具等开展富有个性的、多因素参与影响的实验教学活动，使物理教学过程生动活泼，学生的素质得到全面提高。这些富有成效的物理教学范例虽然不是当前新课程改革的产物，但却与新课程的基本理念十分契合，它潜在的丰富教育内涵正是我们当今需要挖掘并不断发展的。

2.1 从资源开发与利用的角度对物理实验分类研究的必要性

从资源利用与开发的视角，我们可以将物理实验教学分为两大类：第一类是利用学校实验室装备的专门实验器材开展的物理教学活动（简称为“第一类实验”），第二类是指有意图选择和利用实验室之外的其他材料、物品和器具等生活环境资源及研发自制的实验器具开展的物理教学活动（简称为“第二类实验”）。这种分类是在新的课程理念指导下的一种分类，有利于我们全面理解和认识“加强实验教学”的内涵以及两类实验教学具有的相同与不同的教学功能，有利于实验教学的健康发展。

我们长期以来一直强调“加强实验教学”，但现实中人们似乎不清楚是同时加强上述两类实验教学、还是仅仅强调其中之一，正是对这个问题的不同理解，而导致了不同的教学行为、不同的管理行为以及不同的教学效果。认为两类实验形式的教学功能相同者，自然将加强实验教学理解为加强“第一类实验”教学，认为“第二类实验”是在教学条件差的年代或在经济欠发达地区的学校才提倡的做法。在教学仪器工业发达的今天，在条件优越的学校没有必要这么做。因而，教师“等、靠、要”的思想由此产生，学校管理者追求用“现代”、“高档”实验仪器为学校“贴金”、“充门面”的做法由此盛行，整齐划一的物理教育由此出现，从而导致“千校一面”、办学个性化缺失的倾向。如果认识到两类实验的教学功能不尽相同、各具独特性，才能把加强实验教学理解为把两类实验有机结合、优势互补，发挥实验教学的最大教学功能；才能在加强实验室建设、充分利用现有实验室资源的同时，发挥广大教师的积极性、创造性，大力推行“第二类实验”开展物理教学，使每个教师的教学彰显个性，使学校整体办学呈现特色。

可见，从资源利用和开发的角度来研究物理实验教学，有利于我们克服实验教学片面发展的倾向。要正确理解“加强实验教学”的内涵，就必须有所区别地研究上述“第一类实验”和“第二类实验”，尤其是全面深入地研究“第二类实验”，充分认识和发挥它在促进学生有效学习与全面发展的潜在功能，这对推进新一轮物理课程改革无疑是十分必要的。

进入21世纪，科学技术与教学仪器工业高速发展，随着以计算机网络和多媒体为核心的现代教学手段的广泛应用，“第二类实验”一方面呈现出新的发展趋势，它的潜在价值逐步被广大的物理教育工作者所认识，开始对它进行深入的理论研究；另一方面它也受到很大冲击，人们更多地关注实验教学手段的现代化，热衷于网络资源的开发与运用，轻视与淡化生活环境中潜在资源的开发与运用，出现“厚此薄彼”之倾向。因此，重视和加强对“第二类实验”教学的理论研究和实践研究，对于完善中学物理教学理论尤其是完善中学物理实验教学理论，促进物理教学协调发展具有重要的意义。

为了使“第二类实验”概念的内涵和外延进一步明确，给今后相关的研究工作带来方便，我们认为使用“非常规物理实验”这一概念更为贴切。

2.2 “非常规”物理实验的内涵

“非常规”物理实验，是指有目的地选择和利用实验室之外的其他“存在物”及利用其创造新结构开展的一类体现自创性、体验性、趣味性、简易性、生活化的物理实验教学活动。其中，“实验室之外的其他存在物”主要指学生熟悉的生活易得物品、材料、器具、交通工具、建筑设施、娱乐器材以及人体本身等。“创造新结构”主要指根据教学需要、利用“实验室之外的其他存在物”自制或研发的实验器具。“非常规”物理实验包括自制器具实验、自组器具实验、“体感”实验、徒手实验等。

“非常规”物理实验，首先是一种“物理实验”，具有科学实验的基本特征，是人为控制下有目的的观察活动，是教学意义上的感知行为，追求简单、便捷、有趣，紧密结合生活与学生经验。其次，它有别于使用工业化带来的批量生产的专门实验仪器开展的物理实验，即所谓“常规实验”，相当于实验仪器工业产生之前，实验物理学家借用生活或生产中一切可以得到的材料、物品、器具等设计进行的原创性科学探索实验，它一旦产品化和广泛推广，便转化为“常规”实验，而“非常规”

实验又具有独立存在性，大多数不能成为、也不必要成为“常规”实验，如利用新鲜鸡蛋、水果、饮料瓶等生活用品开展的实验教学。再者，提出“非常规”物理实验，不仅仅是为了提出一个概念或从“用什么东西来做实验”的角度对实验教学的一种分类，其重要目的是试图从新的视角来审视它的教育内涵以及开发应用的重要价值。

“非常规”物理实验虽然与人们熟悉的“自制教具”、“低成本实验”以及“课外实验”等概念具有一定的内在联系，但也有明显的区别。通过下面的比较分析，会使我们对“非常规”物理实验概念的内涵和外延有一个更加清晰的认识。

2.3 “非常规”物理实验与“自制教具”、“低成本实验”以及“课外实验”的关系

2.3.1 “非常规”物理实验与自制教具的关系与区别

“非常规”物理实验与“自制教具”关系密切。自制教具的一部分内容是“非常规”物理实验的前期准备，使用自制教具开展的物理实验教学活动就属于“非常规”物理实验。所以，自制教具是实施“非常规”物理实验的重要基础之一。两者的区别主要是概念上和目的上的不同。

2.3.1.1 概念上的不同

“自制教具”，实际包含“自制的教具”（名词特性）和“自己动手制作教具”（动词特性）两层含义。即一方面指教师或者学生（包括其他人员）自行设计（或他人设计）、自己加工制作（也包括外协加工制作）用于辅助物理教学的一切器具；另一方面指教师或学生（包括其他人员）自己动手加工制作教具的过程和行为。可见，自制教具不是物理实验，它在一定程度上或者说不完全是为开展物理实验进行的器材准备。因为

“教具”（Teaching Aid）是一个很宽泛的概念，包括挂图、模型、图表等传统的直观教学辅助工具，也包括录音、投影、电视、录像、电影以及计算机多媒体等现代的直观教学辅助工具。自制教具突出了“制作”或“研制”的含义，而“非常规”物理实验既包括自制器具实验，也包括自组物件实验，很多情况不需要“制作”或“研制”，直接将生活中或身边随手可得的材料、物品、器具、环境设施乃至人体自身等进行组合来呈现实验现象或感知物理原理。自制教具一般专指制作出有形的器具来开展实验教学，而“非常规”物理实验则包括随时用身体、四肢以及徒手感知物理量及其变化或人体自身充当实验器具来进行物理实验，所以，“非常规”物理实验与“自制教具”在内涵上是有严格区别的。

2.3.1.2 目的上的不同

物理自制教具的初衷则是为顺利开展物理教学创造实验条件，部分解决实验器材短缺或不足而采取的权宜之计。有的教师开展自制教具的目的是为了教学研究、产品开发或评奖，自制的教具不一定用于自己承担的物理教学。尽管许多教师将自制教具的成果或过程运用于物理教学实践并收到良好的教学效果，这恰恰说明是开展“非常规”物理实验教学发挥的效能；如果一些教师开展自制教具的目的已经不是为了“补缺”而采取的措施，是因为发觉到它具有许多独特的教学功能而采取的有意图的教学行为，这恰恰是“非常规”物理实验概念提出者们所积极倡导的。“非常规”物理实验强调的就是教师使用自己自制的或组织学生自制的实验器具开展实验教学的行为，要求教师在新的教育理念指导下，基于一定教学理论和学习理论，以促进学生理解、生趣、探究、实践、创新为目的，为全面达成物理课程目标而开展的“有意图”的物理教学行为或学生的学习活动。可见，开展“非常规”物理实验的主张，不是针对学校实验装备条件优劣而言的，而是追求物理教学的最优效果，以利于提高全体学生的科学素质。

2.3.2 “非常规”物理实验与“低成本物理实验”的关系与区别

“低成本物理实验”（Low-cost Physics Experiments）是国际物理教育界所倡导的一种物理教学工作行为。其宗旨是，一方面通过利用生活中的廉价材料开展物理实验教学以解决或缓解实验器材短缺问题，满足经济落后国家或地区中学开展物理实验教学的需要；另一方面通过利用生活材料、物品或器具做物理实验，以提高学生对物理的学习兴趣、培养学生动手能力和实践能力。显然，“低成本物理实验”属于“非常规”物理实验，二者是从属关系，即“低成本物理实验”是“非常规”物理实验的有机组成部分，由于两者都强调“实验”特性，内涵上具有一致性。但两者也存在明显的区别，主要表现在概念的外延不同和价值取向不同两个方面。

2.3.2.1 概念的外延不同

“低成本物理实验”强调利用价值尽可能低的材料、物品或器具做物理实验，做实验尽可能少花钱或不花钱，如利用生活中的廉价材料（如橡皮筋、气球、鸡蛋、土豆、蜡烛、塑料袋和手电筒等）、易得材料（如水杯、钢勺、塑料尺、硬币等）和废旧材料（如易拉罐、饮料瓶、牙膏皮等）。“非常规”物理实验则强调利用一切可以利用的、环境中存在且易得的、学生熟悉的、本来用途不是用于物理实验的“存在物”开展物理教学活动，“存在物”既包括“非生命体”又包括“生命体”，其中“非生命体”不仅包含低成本材料，也包括生活环境中可利用的高成本“人工品”（如手机、电视机、电冰箱、微波炉、照相机及摄像机等），同时还包括环境中已经存在的设施（如盘山路、电梯、健身器材、娱乐器材等）及交通工具（如公交车、地铁等）；“生命体”既包括人（如利用人的肤觉感知物理量等），也包括动物（如利用猫、狗、金鱼等家庭宠物来呈现物理现象）。可见，“非常规”物理实验概念的外延大于“低成本物理实验”。

2.3.2.2 价值取向不尽相同

“低成本实验”强调的是开发利用低廉或花费少的生活资源开展物理教学活动，其主要的价值取向是实验教学的“经济最小化、价值最大化”，即“成本低而智慧不低、成本低而技术不低、成本低而价值不低”。这种“少花钱多办事，不花钱也办事”的思想和做法，最容易被经济欠发达地区的学校及教师所接受，因为这种做法可以解决器材短缺的困难，可使物理教学顺利开展。但我们也注意到，在很多经济发达国家和地区仍然在积极倡导和开发利用“低成本物理实验”。这一现象表明，低成本实验并非仅仅是字面上“使用低廉材料做实验”的表层含义，其实，用这类实验开展物理教学，蕴涵着深刻的教育思想，而其潜在的深层教育价值以及教育功能恰恰是“非常规”物理实验所蕴涵、所包容的。“非常规”物理实验强调的是物理教学中教师、学生以及生存环境多因素影响的共同作用，强调个体与其所依存的物理环境和社会环境的相互作用，将学生的学习置于开放的、与外界不断互动的生态化系统中来。“非常规”物理实验的价值取向是生态化物理教学，生态化物理教学强调从整体性、平衡性、和谐统一性、联系性、动态性、共生性及开放性等角度思考物理教学问题，作为一种理想、目标和价值取向，期望物理教学系统趋向或达到“高效”与“和谐发展”的状态。它主张物理教学走向真实生活世界、走向现实生态环境，沟通物理学习与生活世界之间的联系，沟通学生在校学习与社会学习之间的联系，努力使物理教学系统的诸要素之间达到生态平衡，让学生的精神生活和生命体验成为物理课程文化的重要成分，使物理教学健康发展。

2.3.3 “非常规”物理实验与“课外物理实验”的联系与区别

“课外物理实验”是我们传统意义上的物理教学“第二课堂”的重要组成部分，实验活动的空间是“第一课堂”之外，一般包括“观察性实验”、“课外小制作实验”、“探究性实验”、“趣味性实验”等等。它注重学生联系与接触生活、社会和自然，形式灵活多样，这一点与“非常规”物理实验是一致的。然而两者不能混为一谈。

2.3.3.1 内涵不同

虽然“课外实验”强调的是课堂、实验室以及教学时间之外的实验观察活动，但不一定都是利用实验室之外的资源。如“开放实验室”，允许学生课后到实验室，利用实验室仪器设备自主设计实验方案、自主进行实验探究等，其目的是，一方面弥补课内教学时间和机会的不足，另一方面满足学生的兴趣和探究等需要。而“非常规”物理实验则强调“借用他物”的实验活动，在课外实施，与“课外实验”有许多重叠一致的内容与形式，但它不仅仅局限于课外，更加注重课堂物理教学中的“演示实验”、“课堂小实验”、“边学边实验”以及“分组实验”中适度使用“非常规”物理实验，发挥“非常规”物理实验的自创性、体验性、趣味性、简易性、生活化等因素对学生的影响作用。它不排斥常规实验，主张与常规物理实验有机配合，优势互补。

2.3.3.2 教育主张不同

“课外实验”是相对“课内实验（课堂或实验室内做的实验）”而提出的，两者在教学任务与目的、内容与形式上是有区分或分工的。理论上认为“第二课堂”是“第一课堂”的补充和延伸，但实践中却存在强化“第一课堂”、弱化“第二课堂”的严重倾向。“非常规”物理实验的具体实施空间虽然也分为“课内”与“课外”，但它主张把课堂内外看成一个整体，课堂内外要和谐一致，强调将“课外”丰富生动的、与学生生活经验及经历相联系的真实“事”与“物”，通过教师的科学“编制”移植到“课内”的物理学习活动中来，即所谓“第二课堂”向“第一课堂”补充和延伸。这对物理教师提出了新的挑战，即“要求他们寻找熟悉的情境、‘图式’，并在其中镶嵌新的学习”，这对调节学校正规教育中存在的诸多“失衡”问题是具有现实意义的。虽然这不是一件容易的事情，但却有多种可实现的途径。“非常规”物理实验则是为此目标而提出的一种可行路径，而且一些成功的教学案例表明，这是一条行得通的路，是需要广大物理教师共同努力才能拓宽的路。

3 理论基础

3.1 基于情境学习理论的生态化物理教学

“生态化”概念已用于教育领域。国内有学者预测：“未来教育将呈现出生态化的发展趋势，很可能这是教育发展的一个新时代，即教育生态化时代。”“教育生态化”有两层含义，一是作为一种思维方式，从教育系统及其外部环境的整体性、平衡性、和谐统一性、联系性、动态性、共生性及开放性等角度思考教育问题；二是作为一种理想、目标和价值取向，希望教育系统及其外部环境趋向或达到“最优”“高效”与“和谐发展”的状态。这种生态观为我们思考中学物理教学系统中存在的问题提供了新的视角，以此审视目前的中学物理教学实践，就会发现该微观生态系统内外诸多要素之间存在不协调或“失衡”问题。新一轮基础教育课程改革的生态化取向和情境学习理论为我们解决这些问题指出了方向，提供了理论依据。

3.1.1 基础教育新课程的生态化取向

针对“考试文化”在教育文化中占据主导地位，使“我国教育从幼儿园到高中全面异化”的背景，基础教育课程改革明确提出“把每一个学生发展的独特性置于核心”、“使每一所学校成功，使每一位学生成功”的基本理念，以及“从生活走向物理、从物理走向社会”的物理课程理念，充分体现了新课程发展的整体性、和谐统一性、联系性与开放性等生态化取向。其生态化特征具体表现在以下五方面：

（1）在课程理念方面，新课程“倡导全面、和谐发展的教育”，确立了适应人的发展的整体观念、民主平等原则、尊重差异的思想以及动态发展的观点，力图通过整合课程及课程的“模块化”，提供满足学生需要的、可供学生选择的课程组合。

（2）在课程目标方面，新课程强调人的自然性、社会性和自主性的和谐健康发展，注重一致性与差异性、科学素养与人文素养、学科课程与综合课程、个体需要与社会需要的和谐与统一，着眼于学生的社会化与全面发展。

（3）在课程内容方面，新课程致力于突破学科本位的束缚，加强了课程内容与学生生活、现代社会与科技发展的联系，主张自然科学课程与人文科学课程的整合，把科学、艺术和社会规范融入人的生活、成长过程之中，使学生个体经验、体验以及他们自己的特殊文化世界与学校课程建立应有的联系。

（4）在课程实施方面，新课程强调了教育者与学习者双方在教学过程中应积极互动、共同发展，注重培养学生的独立性和自主性，建立民主、平等、共生的新型师生关系，通过在体验性、探索性的框架下进行自主性、合作性与创新性学习，使每个学生都得到充分发展。

（5）在课程评价方面，新课程倡导多元评价，以评价促进学生的全面发展。

3.1.2 有效教学的生态化取向与情境学习理论的基本观点

20 世纪 80 年代末至 90 年代初，在认知科学、生态学、人类学与社会学等影响下，针对学校教育脱离实际、导致学生问题解决能力欠缺、社会化延迟等现状，有效教学的价值取向逐渐发生变化，“从为行为结果而教学的教师中心取向到为认知建构而教学的学生中介取向，再发展到为情境性认知而教学的生态化取向”。情境学习理论强调，有效的教学应该统筹考虑教育者、学习者、教学内容、物理环境与社会环境等各个要素，将学生的学习与发展置于开放性的、与外界不断互动的生态化的系统中来考虑。认为“学习的实质是个体参与实践并与他人、环境等相互作用的过程，是形成参与实践活动的能力、提高社会化水平的过程”。因此，一是主张创设有助于学生探究、互动和社会化的实践环境，使学生主动地参与讨论、猜测、探究、解释、评价等活动，形成自己对问题的观点与解决方法，建立社会化的交往方式，而不只是关注答案是否正确。二是主张提供包含着活动参与方式和现实问题的开放式课程，要求以现实生活中的复杂问题作为课程的主要内容成分，同时课程内容的呈现方式、学生的学习活动都要在真实的或接近真实的问题情境中进行。三是主张对学生的探究和参与实践活动的能力进行整体评价，不是简单地仅仅对认知能力进行评价，既要评价每个学生的表现，也要评价整个团队的表现。此外，非常强调学生作为评价的主体参与评价，认为学生不只是一个被评价者，也要参与对自己、对他人、对团体的有意义的评价过程中来，进而培养其准确的判断力和责任感，强化对团队作出自己一份贡献的自觉意识。

“生态化取向的有效教学主要以学习的情境理论为基础，该理论强调个体与其所依存的物理和社会情境的相互作用，认为情境是整个学习中的重要而有意义的组成部分。”有效教学的生态化取向对物理教学的改革与发展无疑具有启示作用，其整体、联系、协调与开放的生态化教学观对解决物理教学中的诸多失衡问题具有重要的理论指导意义。因此，提出“生态化物理教学”的概念，其核心思想是促进物理教学走向真实生活世界，走向现实生态环境，沟通物理学习与生活世界之间的联系，沟通学生在校学习与社会学习之间的联系，使物理教学系统的诸要素之间达到生态平衡，以实现教学过程的最优化，让学生的精神生活和生命体验成为物理课程文化的重要成分，使物理教学的三维目标真正落在实处。

3.1.3 生态化物理教学的概念与特征

生态化物理教学，是指教师整体协调与组织教学系统内外诸多要素，主动开发潜在资源，充分利用创生资源，营造对学习者有意义的真实情境，组织有利于发展学习者主体性、独特性和社会性的活动，将学习者的学习与个体发展置于开放性的与其他成员、物理环境和社会环境不断互动的系统之中，从而促进学习者有效达成物理教学目标的过程。

其中，“潜在资源”主要指现实环境中存在的外显功能或价值不直接指向物理教学、赋予意义之后容易开发的各种形态的资源，既包括故事、现实问题、生活常识、科技成果与自然现象等素材性资源，也包括身边材料、各类器具等人工制品，还包括交通、通信、网络等公共设施以及生命体等；“创生资源”一方面指教师、学生或专家根据“潜在资源”的特点或属性，按照教学活动要求自行设计构造的有意图或显现智慧的课程资源，例如，教师设计的真实问题或任务，自制的各类实验器具、学习器具，学生自制的小作品，人体参与的体验感知活动及物理游戏等，另一方面指教师与学生在与环境互动中生成的经验、问题、困惑、理解、智慧、意愿、情感、态度、价值观等素材性资源。

生态化物理教学具有以下特征。

3.1.3.1 整体—协调—统一性

生态化物理教学强调教学系统是教师、学习者、教学内容、教学活动、教学资源、物理环境与社会环境等诸要素有效互动的一个统一体，注重教学内容与学生生活经验的协调与统一，个别化的学习过程与合作共享认知的协调与统一，学术性认知与日常生活认知的协调与统一，一致性与差异性的协调与统一，理性与非理性的协调与统一，对学生获得知识技能的量化评价与整体评价的协调与统一，个体需要与社会需要的协调与统一，等等。总之，通过整体协调教学系统各个要素之间的关系，最终实现学生的健康发展。

3.1.3.2 真实—生活—情境性

“很明显，技能和内容必须呈现在一个学习者熟知的情境之中。”生态化物理教学强调发挥各类教学资源的优势，特别重视“潜在资源”与“创生资源”的开发与利用，使其成为真实情境与活动的有力支撑。这类课程资源的本质特征是“熟悉性”，因为学生对情境熟悉，才会感觉到它的真实性，才会与学生原有的经验和体验建立联系。生态化物理教学主张选择或尽量选择学生熟悉的现实生活、社会或自然中存在的“事”和“物”来使教学内容问题化、任务化，这种问题或任务因具有真实性而使学生感到有意义，进而产生学习和探究的欲望而引起活动。更为重要的是，利用这类熟悉性资源展开的学习活动，会促进学生产生独特的观点或不一致的理解，学生的学习随情境的变化作出反应并影响着他们自身对问题的解决，经验、问题、智慧以及困惑等素材性资源的生成，为学习者自主探究、体验、交流、反思与共享认知提供机会。

3.1.3.3 社会—互动—开放性

生态化物理教学体现了从生活走向物理，从物理走向社会的新课程理念。强调物理教学要与学生的生活世界建立联系，寻求自然、社会和学生发展在物理教学中的有机统一；注重个体间积极的互动、个体与环境和社会之间积极的互动；不把学校作为学习的唯一场所，不把教师看成学生唯一的指导者或先知者，重视学生之间的相互学习和指导，教师以外的其他支持人员包括资料管理人员、实验室技术人员或维修人员、社会的从业者以及家长等，同样是重要的课程资源，将学生的学习置于开放的、与外界不断互动的生态化系统之中。

3.1.3.4 主体—独特—生成性

生态化物理教学注重学生的主体性，关注学生的差异性，追求每一个学生潜能的最大限度发挥和最佳发展。强调发挥师生的主观能动性、积极性和创造性，高度重视学生在开发教学资源中的主体作用，重视资源开发及生成过程的潜在教学功能，努力实现资源开发与教学活动的和谐与统一。通过教师组织、师生共同参与开发和利用潜在资源与创生资源的活动，使学生的个体经验与教学情境实现最佳耦合，促进学生实现自主的意义建构，生成具有个体特征的知识结构和参与实践活动的能力，提高社会化水平。同时注重对学生的学习进行多元评价并使学生成为评价的主体。

3.1.3.5 有效—公平—均等性

生态化物理教学是有效教学理念在物理教学中的体现，致力于给每个学生提供公平的参与机会，使学生主动获取知识、灵活运用知识、有效提高迁移能力和社会适应能力，反对“考试文化”和“应试”教育的价值观。衡量教学的实效性不是以片面追求升学率为出发点，而是把每一个学生发展的独特性置于核心地位。生态化物理教学倡导积极开发利用富有现实性、生活性、动态生成性和广泛性的资源，努力实现物理学科教育的均等性和公平性。这种教学理念对于教学设施不足、条件较差的学校具有特别的现实意义，可以通过多渠道开发和充分利用学校所在地域或社区的自然生态和文化生态方面的资源，弥补学校教学资源的不足，有效开展物理教学。

3.1.4 生态化物理教学过程设计的基本特征

基于情境学习理论的生态化物理教学过程设计，以物理环境和社会环境为背景，从整体、平衡、和谐统一、联系、动态及开放的视角，组织安排教学系统中的各个要素，注重以真实问题或任务情境营造学生熟悉的学习环境，以多种方式组织学习活动。它要求教师根据课程总目标要求和学科知识特点来设计学习内容，均衡考虑和依托各类资源的支持，设计真实的问题或任务情境，进而展开与知识类型相符合的多样化学习活动；从认知、动作技能、情感和社会化四个维度制定学习目标并对学习结果进行整体评价。总体而言，生态化教学观要求从整体和过程考察各种教学形式是否均衡，强调教学系统中诸多要素的影响作用。在学习内容、学习活动以及学习支持上突出以下基本特征。

3.1.4.1 提供能反映物理知识来源和实际运用方式的真实情境和活动

生态化物理教学在内容设计上要求把“学校物理”与实际生活紧密联系起来，在利用好学校条件资源的基础上，筛选现实环境中可利用的、与教学内容关联的“潜在资源”以及“创生资源”来创设真实或接近真实的物理学习情境，使学习情境问题化、任务化，让学生感到面临的问题和任务对自己有意义，从而真正体验建立物理概念和发现规律的过程。真实情境创设的手段与形式是多样化的，应该体现在各种类型的物理学习活动之中，可以从教室、实验室及学校延伸到室外、家庭、社区等场所，“熟悉性”及“复杂性”是其基本特征。任务的“复杂性”是相对学生而言的，是指具有一定难度但又可通过努力解决的真实问题。学生在完成真实任务的过程中，能够提出自己的经验性观念或看法，处理来自不同观点的信息和反馈意见，或通过协作表达不同的观点，从而获得解决实际问题的技能与知识。教师要为学习者提供专家的解决方案或思路、专家（熟手）的演示，使学生有机会观摩正在工作的有经验者的真实活动，通过与不同学业水平的其他同学、有经验的人或专家进行互动、交流和分享来进行物理学习，在交互过程中进行观察和实践并逐步习得物理学家的思考方式和模型化过程。

3.1.4.2 支持合作建构、反思与清晰表述，以便形成抽象与清晰的物理知识

生态化物理教学在活动设计上要求将物理学习过程与生活中的“潜在资源”与资源创生结合起来，组织多种形式的协作学习活动，使学习者共同担负学习责任，协作完成某项给定的物理学习任务并促进反思。反思是一种重要的学习策略，它可以帮助学生思考物理学习本身及其过程。比如初中生在完成“鉴别戒指是否是纯金（或纯银）的”真实任务过程中，需要借助预测、假设、方案设计和实验，选取身边易得的实验资源，产生初步的解决方案并实施，同时，学生还要不断反省所采用的实验方案和器材，探寻更巧妙的解决方法，修正错误的理解，逐步形成科学的思维能力和实践能力。

生态化物理教学主张为学生提供大量的实际操作活动，使学生在“做”的过程中发生内隐学习并获得大量的缄默知识。“内隐学习的一大特征是，学习的效果往往需要大量的实际操作或活动才能体现。由于内隐学习得到的就是不可言表的缄默知识，自然直接通过讲授和旁观是很难达到很好效果的。”在重视学生对缄默知识获得的同时还要重视将其转化为明确知识，用词语说明和阐释其对所学物理知识建构的意义的理解。生态化物理教学环境中的学习活动，提倡个人和同组学生一起完成任务，便于学生在讨论问题或辩论问题的过程中，通过语言或文字表述自己的观点，与他人协商，为自己的见解辩护，从而促进他们对知识的表达能力，使缄默的知识变成清晰表述的知识。

3.1.4.3 提供临界时刻的指导和支撑，注重对物理学习的整体评价

在生态化物理教学提供的复杂情境中，教师的角色应该是学生学习资源的设计者、准备者、创生者和学生自主协作学习的引导者。注重为学习者提供体验自己的决策过程和解决物理问题的策略的机会，要求教师选择“暗示”“建议”等适当方式指导和帮助学生，而不能包办代替，“在学生需要时所提供的暗示性辅导与建议要胜于明确的辅导与建议，非指导性的要胜于指导性的”。教师的帮助起到了一个支架的作用。当然，在需要的时候，也不排斥直接讲授和指导性的教学。

注重通过真实的问题解决过程对学习物理的成效进行评价，评价的重点是知识与技能在特定情境中的灵活运用，而不仅仅是对知识的记忆。由于学生在实际操作性的物理学习活动中不仅获得“纸笔型测验”可测知的明确知识，而且通过内隐学习获得大量的“纸笔型测验”不可测知的缄默知识，因此，需要通过学生的方案设计、实施与修正问题的学习活动的过程以及结果来整体测量评价学生。评价不仅是多侧面的，同时还是开放的，对学习者的评价不仅来自教师，也来自其他学生或小组，还有学习者的自我评价。

3.2 创造力的相关概述

3.2.1 创造力的普遍性和可开发性

3.2.1.1 创造力的普遍性

创造学的第一条基本原理——创造力是每一个正常人都具有的一种自然属性。在我国古代，孟子就有“人人皆尧舜”的说法，这可谓是“创造力人人皆有”的一种朴素思想。当然，人人何以能够成为尧舜，则不是那个时代所能回答的问题。我

国著名的教育家陶行知在评价“创造”时说，“人类社会处处是创造之地，天天是创造之时，人人是创造之人”，认为创造力是人人皆有的一种能力。

创造学研究已充分证明：创造力并不是神秘的、只有少数“大人物”才具有的特殊才能，创造力是每个正常的人都具有的一种自然属性，是人类亿万年来智力进化的结果。它主要反映在人的大脑的结构功能上。近代研究表明，人们的创造力主要蕴藏在人的右脑之中并亟待开发。

3.2.1.2 创造力的可开发性

创造力虽然是人脑的普遍属性，但是每一个人的创造力并非在任何情况下都能够自由地表现出来。事实表明，创造力可以蕴藏在人脑中几年、十几年甚至几十年之久。一些所谓“无创造力”的人，其实他们并不是真的没有创造力，而只是其创造力没有得到应有的开发、没有或者很少转变成显性的创造能力而已。

创造学的第二条基本原理是——人们的创造力是可以通过相关的学习或训练、通过创造教育的实施而被激发出来的。近些年来，注重对学生创造力培养已成为一个热门的教育趋势。从一般文献看来，创造力的训练方式，可分为两种：一种是提供一系列较长期的训练课程，另一种是实施一两个简单课程的短期活动。

3.2.2 创造性思维与创造力

研究发现，创造力的核心是创造性思维。从思维的角度来看，创造性活动过程就是创造性思维过程。任何创造性活动，总是与创造性思维紧密联系在一起的，不存在离开创造性思维的创造活动。

所谓创造性思维是指结果具有新颖性、独特性和价值的思维。它是一种以新颖独创的方法解决问题的思维过程。创造性思维不同于一般的思维活动，它要求打破常规，将已有的知识经验进行改组或重建，创造出新的思维成果。美国创造心理学家吉尔福特认为，创造性思维的核心是发散思维，其特点是流畅性、灵活性、独立性和精细性，“凡是发散性加工或转化的地方，都表明发生了创造性思维。”所以，发散性思维的训练对于培养创造性思维来说，意义十分重大。发散性思维是创造性思维中最重要的一种，许多发明创造者都是借助发散性思维获得成功的。一些伟大的科学家、思想家和艺术家一生都十分注意运用发散性思维进行思考。有的学者甚至认为，发散性思维是创造的发源地。

3.2.3 创造力的测评

自从20世纪50年代Guilford在美国心理学年会发表演说之后，创造力研究重新得到了心理学界的关注。为了科学地评价创造力，研究者们提出了各种各样的测量工具，其中，创造性思维测验是使用最广泛的工具之一。创造性思维测验的核心为发散性思维测验，测验要求个体对特定刺激做出多种反应，强调的是观念流畅性。例如非常规用途测验（Unusual Usage Test,）UUT，就是让被试者列举出某物品的多种用途来考察他的发散思维能力。20世纪60、70年代发散思维测验是创造力测量的主导工具，大部分创造力研究使用的都是发散思维测验，其中应用最为广泛的就是Torrance创造性思维测验（TTCT），它根据被试的回答在流畅性、变通性、新颖性和精细性四个维度上进行评分。其四个维度的特点如下：

3.2.3.1 流畅性

流畅性，是思维对外界刺激做出反应的能力，它是以思维的量来衡量的，要求思维活动畅通无阻、灵敏迅速，能在短时间内表达较多的概念。比如请你列举“回形针”的用途，如果你一口气回答很多，说明思维流畅性好。这要求人们能够善于触类联想，发现规律，这是发散思维的基础要求。

3.2.3.2 变通性

变通性，是指思路开阔，善于根据时间、地点、条件等的变化，迅速灵活地从一个思路跳到另一个思路，从一种意境进入另一种意境，从多角度、多方位地探索、解决问题。

思维的变通性是以流畅性为前提的，思维不流畅，自然谈不上变通。从创新的角度而言，变通是关键，也是我们学习和工作取得成功的捷径之一。

3.2.3.3 新颖性

新颖性，是指“与别人看到同样的东西却能想出不同的事物”。

思维的新颖性是以独立思考，大胆怀疑，不盲从，不迷信权威为前提的，能超越固定的、习惯的认知方式，以前所未有的新角度、新观点去认识事物，提出不为一般人所有的、超乎寻常的新观念。思维的新颖性是流畅性和变通性的归宿，是创造性思维的最高层次。

3.2.3.4 精细性

精细性是一种补充概念，在原来的构想或基本观念上再加上新观念，增加有趣的细节，和组成相关概念群的能力。亦即“精进求精”、“锦上添花”、“描绘细腻”或“深思熟虑”、“百尺竿头，更进一步”的能力。

3.3 几种主要创造技法

3.3.1 头脑风暴法

头脑风暴法是由美国著名创造学家奥斯本于20世纪30年代

提出的，这种创造技法经过大量的实际应用取得了良好的效果，在美国和世界各地得到迅速的推广，并不断发展和完善。头脑风暴法是最早被明确提出的创造技法，在创造技法中也最具代表性。

头脑风暴法的特点是组织一些具有一定专业背景的各类人员，以特殊的方式召开专门的会议，通过贯彻若干基本原则和特殊的规定，造成一种特别的环境，使与会者之间相互激发，造成思想共振，以激发与会者的潜意识，使之产生更多的新思维、新设想。

头脑风暴法必须遵循的基本原则：

一是自由畅想原则。要让与会者敞开思想，不受任何传统思维方式和逻辑的约束，抛开各种准则和条条框框，无拘无束、畅所欲言。提出的设想力求新、奇、异，不必顾虑其设想是否“离经叛道”或“荒唐可笑”。

二是延迟评判原则。即对于会上所提出的设想严禁自我和他人的评价、判断和批评。因为过早的判断、评价和批评会阻碍新观念的产生。

三是以数量求质量原则。创造性结论的获得是一个逐渐逼近的过程，这就需要足够数量的观点来作为其基础。最初的设想往往是十分不尽如人意的，只有不断涌现新观念，才能一步一步地趋向最佳方案。

四是综合改善原则。要求发言者紧扣主题，充分利用别人的设想进行综合、改进，从而产生新的设想。只有紧扣主题、综合别人的设想，才能真正做到智力的相互激发，取长补短，形成一种新观念发展的“马拉松”，不断逼近创造性的观点。

头脑风暴法是一种有助于集思广益的集体思考方法。当一个人独自思考一件事或一个问题时，其思路常被限制在一定范围而受阻，如果有几个人同时对问题进行思考，各人都以自己的知识经验从各自不同角度认识同一问题，就会有利于互相激励、引出联想，从而产生共振和连锁反应，诱发出更多的设想。该创造技法问世以后，应用比较广泛。有资料表明，美国麻省理工学院为提高工业设计专业学生的能力，曾专门开设了头脑风暴法课程。日本一些大企业也纷纷通过举办训练班大力推广和应用该技法。我国一些工厂运用该技法以后，也收到了明显效果。

3.3.2 希望点列举法

希望点列举法，则是通过列举希望新的事物具有的属性以寻找新的发明目标的一种创造方法。由于希望点发明法是从人们的意愿出发提出各种希望设想，所以很少或完全不受已有物品的束缚，这便为人们使用该方法提供了广阔的创造性思维空间。

希望点列举法的实施步骤是：激发人们的希望（可用智力激励法形成一批希望点）——收集人们的希望——仔细研究人们的希望——创造新产品以满足人们的希望。

3.3.3 缺点列举法

缺点列举法，是指积极地寻找并抓住，有时甚至需要去挖掘（因为有许多缺点是极不明显的）各种事物的不方便、不得劲、不美观、不实用、不省料、不轻巧、不便宜、不安全、不省力等等各种缺点、问题或不足之处，从而确定创造发明目标的一种创造技法。

运用缺点列举法没有严格程序，一般可按下列步骤进行：

第一步，确定某一改革、革新的对象。

第二步，尽量列举这一对象事物的缺点和不足（可用智力激励法，也可进行广泛的调查研究、对比分析或征求意见）。

第三步，将众多的缺点加以归类整理。

第四步，针对每一缺点进行分析、改进发明出新的产品。

3.3.4 检核目录法

提出问题是发明创造的第一步，但大多数人并不善于提出问题。而源于创造学中多向思维原理的检核目录法，可使人们根据检核项目，一个方面一个方面地提问，即一个思路一个思路地想问题。这样，不仅有利于人们较系统和较周密地想问题，也有利于人们较深入和较细致地提出更多的创造性设想。

检核目录法几乎适用于一切领域里的创造活动，因此，在创造工程中享有“创造技法之母”的美称。目前，创造学家们已经创立出多种各具特色的检核目录法，例如5W2H检核目录法、人才管理检核目录法、经营决策检核目录法、青少年创造力开发检核目录法等等，尽管它们用途不同、形式也不同，但它们都是以奥斯本检核目录法作为蓝本的。

美国著名创造工程学家A. F. 奥斯本在其著作《发挥创造力》一书中，介绍了许多新颖别致的创意技巧，有些就成了后来的各种创造技法的基础。比如，美国创造工程研究所就是从这本书中选择出75个激励思维的思考角度，分成九个方面，编制出《新创意检核用表》，以此作为提示人们进行创造性设想的工具。这种建立在奥斯本创意检核表基础上的创造技法就是检核目录法。其九个方面的提问如下：

（1）能否他用？在此方面还可深入提问：现有的事物有无其他用途，保持原样不变能否扩大用途？

（2）能否借用？在此方面还可深入提问：现有的事物能否借用别的经验，能否模仿的东西，过去有无类似发明创造，现有的发明成果能否引入其他创造性设想中？

（3）能否改变？在此方面还可深入提问：现有的事物能否

作某些改变，比如意义、颜色、声音、味道、形状、式样、花色、品种等能否改变，改变后的效果如何。

（4）能否扩大？在此方面还可深入提问：现有的事物能否扩大应用范围，能否增加使用功能，能否添加零部件，高度、强度、寿命、价值等能否扩大或增加？

（5）能否缩小？在此方面还可深入提问：现有的事物能否减少、缩小或省略某些部分和东西，能否浓缩化，能否微型化，短一点行否，轻一点行否，压缩、分割、简略行否？

（6）能否代用？在此方面还可以深入提问：现有的事物能否用其他材料、其他元件、其他原理、其他方法、其他结构、其他工艺、其他动力、其他设备来代替？

（7）能否调整？在此方面还可深入提问：现有的事物能否调整已知布局，能否调整既定程序，能否调整日程计划，能否调整规格型号，能否调整因果关系？

（8）能否颠倒？在此方面还可深入提问：现有的事物能否从相反方向来做考虑，能否位置颠倒，能否作用颠倒，能否上下颠倒，能否正反颠倒？

（9）能否组合？在此方面还可深入提问：现有的事物能否组合，能否原理组合，能否方案组合，能否材料组合，能否部件组合，能否形状组合，能否功能组合？

在发明创造过程中，人们以检核目录的方式进行逐项思考，就会引导创造性思维的有序迸发，从而提出新的创意或设想。

3.3.5 特性列举法

所谓特性列举法，就是把事物或产品的特性一一列出，然后进行分析、综合，找出实现改革的办法。这种技法也称为“分析创造技法”。

运用特性列举法可分以下三步进行：

第一步：确定课题。宜小不宜大，如果是一个比较大的课题，最好分若干个小课题来进行。

第二步：列出特性。将对象的特性列出来，犹如把一架机器分解成一个个零件，每个零件的功能如何，特性怎样，与整体关系如何，都列举出来。主要从事物对象的三个方面进行考虑：

（1）名词特性——全体、部分、材料、结构、原理、制造方法等；

（2）形容词特性——性质、状态；

（3）动词特性——功能。

第三步：分析特性。对能实施的项目提出方案、评价，实施创新。

特性列举法就是从各个特性出发，通过提问的方式，诱发出创造性的设想。该方法特别适用于具体事物的革新创造。运用时，解决的问题越小、越简单，就越易获得成功；对大的问题，采用分散的办法，化大为小来处理。

4 “非常规”物理实验方案与器具开发设计研究

从理论上确立了“非常规”物理实验在中学物理教学中的基础地位之后，如何设计和制作“非常规”物理实验方案与实验器具，在本章，我们来探讨“非常规”物理实验方案与实验器具设计的原则、设计的一般程序并结合实验案例进行分析。

4.1 “非常规”物理实验方案与器具设计原则

在原有相关的文献中，人们对“自制教具”的设计原则或要求有一些研究，比如有人认为自制教具应符合的基本要求是：科学要求、教学要求、改革要求、经济要求、安全要求、艺术要求；还有人认为自制教具的设计原则应该是：科学性、实用性、经济性、创新性和艺术性。这些要求或原则是基于物理学理论和物理教学理论两个主要方面进行的概括，可谓是一些基本要求和基本原则。下面的研究是在这些基本要求和原则的基础上，依据生态化物理教学理念对“非常规”物理实验方案与器具提出的一般性设计原则或要求。

“非常规”物理实验方案或器具的设计，是为教学过程做前期准备的过程，也是基于生态化物理教学理念、整体设计物理教学过程的一个重要组成部分。按照实施前的准备或实施过程的便利程度划分，“非常规”物理实验可分为“自制器具型”、“自组物件型”、“借用器具型”、“体感型”和“徒手型”五种类型，相对而言，需要对选用材料进行改变和动手加工的自制器具型“非常规”物理实验比较费时费事，这类实验与人们称谓的“自制教具”相当，需要制作出专门的实验器具。但是，

"非常规"物理实验还包括不需要或基本不需要加工制作过程的其他实验形式，如自组物件型、借用器具型、体感型和徒手型，这些类型的"非常规"物理实验更多的是实验方案。所以，我们下面提出的设计原则同时针对"实验方案"和"实验器具"两个方面。

4.1.1 目的性原则

"非常规"物理实验方案与器具的设计不能是随意或盲目的，必须遵守目的性原则。所谓目的性原则，是指教育者根据课程内容特点、教学目标、学生认知特点、实验条件状况等教学因素，在所处生活环境中选择丰富易得、实施便利的物质资源，在教学与学习理论的指导下，对"非常规"物理实验方案与器具进行的规划与设计。

物理教学中运用"非常规"物理实验有许多教学意图或目的，这就需要设计出符合这些意图或目的的合理实验方案或实验器具。如果预期达到创设真实情境、引发学生探究问题答案的求知欲望时，那么就需要"非常规"物理实验选用的材料、物品、器具是学生熟悉的，而器具结构或实验方法要新奇、是学生陌生的，并且呈现的物理现象一般是出乎学生意料的；如果预期由学生通过自主探究得出结论的，那么就需要考虑学生对探究的问题是否感兴趣，学生原有的知识与技能是否适合亲自参与实验探究过程，能否在预设的时间内完成，若在家庭或社区实施的探究任务，要考虑实验所需材料、物品、器具是否容易获得、学生的自主实施过程是否安全等；如果希望实验过程能够促进学生的合作意识和交往能力，那么，实验方案以及实验过程就应该设计成只有多人分工合作才能完成的任务；等等。总之，达成不同的教学目的需要不同的实验方案或器具的支撑，无论用什么物质手段，教师都必须事先进行试做，以了解实验过程的难易并预测学生可能遇到的困难或问题以及可能得出的结果，做到心中有数、有的放矢。可见，目的性原则，是确保“非常规”物理实验教学取得预期效果的前提。

4.1.2 熟悉性原则

所谓熟悉性原则，是指根据教学需要，选择利用学生群体每天接触或经常遇到的日常生活材料、物品、器具、环境设施、交通工具、社区娱乐设施等进行“非常规”物理实验方案与器具的规划与设计。本来“非常规”物理实验就具有“生活化”特点，为什么还要提出“熟悉性原则”呢？由于我国地域广阔，每个学生的生活经历不一定都一样，有城乡之差别、男女之差别或民族之差别等等。另外，新材料、新的生活用品不断出现，每个学生家庭所拥有的生活用具也存在一定差别，在工人家庭出身的学生熟悉家中所备用的一些常用工具（如钳子、扳子、锤子等），而在知识分子家庭出身的学生就可能没见过这些东西；家庭经济条件好的学生可能对游乐场的娱乐设施与健身器具比较熟悉，而家庭经济条件一般或较差的学生可能对这些就很陌生；男生一般对各种玩具枪或玩具车等性能比较熟悉，而女生一般可能对这些玩具的性能就比较陌生，在农村牧区长大的学生对城市家庭的微波炉、热水器、数码照相机等就不像在城市长大的学生那么熟悉。所以，种种因素导致学生群体中每个个体的生活经历与见识出现差别，教师不能用自身的生活经历替代学生的生活经历，不能想当然地认为学生一定熟悉什么、不熟悉什么；很多情况是，教师不熟悉的东西，也许学生却很熟悉（比如一些玩具等）。因此，通过“非常规”物理实验拉近物理与学生生活的距离，并非是一件容易做到或容易做好的事情，需要教师进行细致的观察和深入学生群体了解相关情况，注意观察学生手中或随身的物品，了解学生普遍熟悉的生活之物，然后选择利用这些学生普遍熟悉或多数学生熟悉的生活材料、物品、器具设计“非常规”物理实验方案和器具。只有这样，才能使“非常规”物理实验真正贴近学生的生活实际。

“熟悉性原则”主张选择利用当地本土资源开展“非常规”物理实验教学活动，其目的是使物理教学在学生熟悉的情境中展开，从“已知”的情境中产生“未知”，在对“未知”的探索中发现“新知”，从而消除学生学习物理的心理障碍和对物理学的神秘感。然而，熟悉性是相对的和暂时的，常言道：“一回生、三回熟”，尽管有些个别材料、物品、器具是部分学生比较陌生的，但只要把“实物”带到教学现场，对每个学生就是公平的，如果仅仅是脱离“实物”的口头介绍，那么就会使得不熟悉此“物”的学生不知道教师在讲什么。当然，开展“非常规”物理实验离不开实验室的厂制实验器具、材料和元器件，通过教师对这些“实物”的性能、用途的介绍和展示，再为学生创造操作和触摸的机会，变“陌生”为“熟悉”，那么在以后的“非常规”物理实验的设计中就可以配合使用这些实物了。实际中，不是所有的材料、物品或器具都能在家庭或环境中轻易找到，比如弹簧秤、酒精灯、小磁针、漆包线、音叉、安培计、滑动变阻器等，对于这些学生熟悉的实验室器材，在“非常规”物理实验设计中都可以配合使用。“非常规”物理实验不排斥利用厂制的常规实验器材，而是强调二者有机结合，优势互补。

4.1.3　简易性原则

所谓简易性原则，是指“非常规”物理实验方案的过程和器具的原理、结构不能太复杂，要符合学生的兴趣特点和接受水平，同时要操作简便、实施便利。因为简易的“非常规”物理实验容易制作并且容易修理，不怕弄坏，学生在操作过程中心理放松，有利于自主实践；实验所用材料在生活中也容易找到，学生有机会在课外实施，这样，学生可以充分地与实验进行相互作用，这不仅有利于促进学生认知，而且可以满足学生动手操作的心理需要。另外，实验原理和结构简单，会引起学生对实验“意图”的高度关注，特别是一些借用生活物品器具的“非常规”物理实验，所用器材本身已经不是学生所关注的焦点，因为这些材料是他们熟悉的，他们期盼的是教师要用这些材料产生什么实验方案或呈现什么物理现象。如果实验使用的材料、物品、器具是学生陌生的，那么他们产生的第一个问题是“实验所用器材的原理是什么?”进而产生“要用这些器材做什么?”如果对第一个问题没有很好认识和理解的话，学生对接下来做的实验就不知道其“所以然”，因而就会感觉到实验所呈现的现象距离自己很远，只有好奇感，缺少兴奋感和亲近感。比如在初中就不宜使用计算机进行电磁感应现象的“适时真实演示实验”，尽管这类实验利用了计算机自动采集数据、准确、快捷的优势，变原来定性演示为定量实验，但是，实验中涉及“传感器”、“数模转换装置”以及相应的程序软件，这些原理远远超出初中生的知识水平。这类实验即使是在高中使用，高中生也会感到其中的原理比较高深，除了开阔了眼界、了解到计算机在物理实验中的具体运用之外，只会引起个别计算机爱好者的兴趣，一般学生会觉得跟自己没什么关系。

随着电子与计算机技术的广泛应用，厂制教学仪器逐渐呈现出数字化与自动化，一些原理复杂、结构密封的“黑匣子”不断出现，它们使得实验过程更加省时省力，能够自动采集数据，得出的实验结果更加接近理论值。教学仪器的现代化已经成为国际性的发展趋势，中学生了解这种趋势以及学习使用数字化、自动化的现代仪器设备以适应未来高科技时代的发展，应该说是无可非议的。但是，如果在中学物理实验教学中大量充斥这些复杂的、远离生活的、使学生“望而却步”的高档仪器设备，对物理教育的发展与学生的健康发展意味着什么，是值得我们深思的问题。对物理学做出杰出贡献的麦克斯韦在一百多年以前就明确指出：“实验的教育价值往往与仪器的复杂程度成反比”，这是对实验教学规律的精辟总结。教学实践表明：实验的原理、结构越简单，越能展现设计者的智慧，因而越能激发学生的兴趣和学习热情。所以，力求简单、直观，突出物理过程，简便易行，应该成为选择设计“非常规”物理实验方案与器具的一条重要的教学论原则。

4.1.4 参与性原则

所谓参与性原则，一方面指教师要组织引导学生参与到“非常规”物理实验方案与器具的设计制作过程中来，在充分调动学生实践创新的积极性的同时，动态生成素材性课程资源；另一方面指设计的“非常规”物理实验方案与器具要适合学生参与动手操作、演示、体验与探究的需要，突出学生的主体地位。这条原则在很大程度上是针对实验教学过程的设计而言的，比如对于一些由教师演示的“非常规”物理实验，按照此原则要求就应该适当安排学生参与表演与体验。但“参与性原则”要求学生参与“非常规”物理实验方案与器具的设计与实施过程，其意义十分丰富，一方面意味着学生将成为课程资源的开发者和素材性资源的创生者，另一方面还意味着学生将成为意义的主动建构者。

学生参与“非常规”物理实验器具的设计与制作的过程，不应该仅仅把它看成是为课堂实验教学做准备，或者仅仅认为是促进学生理解、培养动手实践能力与创新意识，我们更应该认识到学生参与这一过程的经历以及获得的学习成果对学生本人以及对学生群体所蕴涵的重大意义。学生不仅能够领会书本上的知识，而且还会学到许多书本上没有的知识、积累许多独特的经验，并且，体现学生智慧的设计方案或实验器具作品会对其他学生产生“近距离”的巨大影响。因为一个学生的制作或创作成果以及形成的经验，将被学习共同体所共享，而一个学生动态生成的问题、困惑、曲折、失败、成功与快乐，将被学习共同体所共同分担。另外，这一过程中更多的是在课外或家庭进行，学生不仅要与生活环境中的材料、物品和器具等打交道，同时有机会与学习伙伴合作，有机会与家长以及社会其他人员接触，只有这样，学生才有更多机会学会与他人合作、交流与交往，学会尊重他人，学会向别人学习，也有可能充当“专家”角色去帮助别人，同时也会学到很多社会规范、社会知识与价值观。所以说，学生参与“非常规”物理实验器具的设计与制备的过程，是培育学生情感、态度、价值观的过程，也是促进学生社会适应能力的过程。

“参与性原则”要求设计的“非常规”物理实验的方案与器具要适合学生动手操作、演示、体验与探究的需要，一是指实验器具的数量保证，二是指实验方案要尽量适合学生参与。应该说，开展“非常规”物理实验的主要场地还是在课堂或实验室，而最省时省力的做法是制备一套器具、由教师演示或少数学生参与协助的演示，而这种做法的不足之处在于，多数学生处于被动观看和被动接受状态，感受时间短，没有太多体验。根据“非常规”物理实验的“广泛性”特点，在设计时应该尽量考虑选择生活中或学生身边容易获得的材料、物品、器具以及随时可利用的人体结构与肤觉，以增加实验器具的数量，使全体学生都有机会参与。就“非常规”物理实验方案而言，应该根据实验的内容特点和资源的易得性，尽量进行多样化设计，理想的情况是：对于同样一个实验内容，既有教师演示、学生观察，也有学生亲自动手“实做”，还有利用人体的体验。这样，调动学生的多种感官，有利于增强学生的感受性以及从多重角度建构知识的意义。

4.1.5 关联性原则

所谓关联性原则，是指“非常规”物理实验的方案与器具设计，要注意将物理知识与学生日常生活经验、社会应用以及获得意义广泛联系，扩展知识的应用领域，以促进知识的迁移。开展“非常规”物理实验教学可利用的生活环境中“非专门化”物质资源种类繁多、极其丰富，涉及废旧材料（如旧报纸、旧纸杯、塑料袋、饮料瓶、易拉罐、旧牙刷与油笔芯等）、家庭生活材料与器具（如食用油、鸡蛋、马铃薯、餐具、厨具、电冰箱、电视机、微波炉与照相机等）、随身用品器具（如钥匙、手表、手机、硬币、书包、文具、指甲刀、自行车与雨伞等）、文体娱乐器材（如玩具、乒乓球、气球、各种球拍、学校体育器具以及社区公共健身器材等）以及农村、牧区本土器具等等。“关联性原则”要求“非常规”物理实验方案与器具的设计或创新，不能仅仅局限在生活环境中“废旧材料”等少数几种材料、物品、器具的利用上，还应该注意结合实验内容的特点和可利用资源的丰富性，尽量扩展资源的范围，以体现物理学知识与原理在生活、生产、科技、交通、体育、娱乐以及生命体或其他学科等领域的广泛应用。在符合可接受原则的前提下，也要注意适当利用一些光电子元器件或新技术产品，比如发光二极管、直流小电机、激光教鞭、压电陶瓷片与硅光电池等，以体现“非常规”物理实验与新技术的密切联系。

“关联性原则”旨在通过“非常规”物理实验拓展教学内容以及物理学习情境的范围，体现物理学知识与原理应用的广泛性，促进学生对所学知识的迁移意识和能力。“非常规”物理实验使得物理教学在关联生活、生产与科技等领域的同时，也关联了学生的精神需要和意义获得。因为它能够使学生更多地了解物理学对生活的意义、对社会发展的意义、对人类进步的意义，尤其是能够获得对自己的意义，进而获得学习物理学的意义。获得了这些意义的认识之后，学生学习物理就不再感到枯燥乏味，会把学习物理的过程当成认识生活与环境世界的内在联系和本质的一种精神需要，进而将学到的物理学知识与生活、环境世界广泛联系。

以上论述了“非常规”物理实验方案与器具设计的五项原则，其中“目的性原则”、“熟悉性原则”和“简易性原则”应该作为设计每一项“非常规”物理实验方案与器具的基本要求，而“参与性原则”和“关联性原则”是对于开展“非常规”物理实验方案与器具设计的整体要求，虽然对于某一项实验方案或器具可能没有使学生群体参与或广泛联结的条件，但是大量的实验方案和器具的设计中，总应该有相当的比例是学生普遍参与的，而且与生活环境多种资源进行关联，整体上要求反映出“参与性原则”和“关联性原则”。

4.2 “非常规”实验方案与器具设计的一般程序

应该说，“非常规”物理实验方案与器具的设计是有规律可循的，总体上讲，它是从教学目的出发，根据教学内容的特点和学校拥有的实验条件，在整体设计教学的基础上，了解相关生活环境资源的可利用情况，基于“非常规”物理实验方案与器具的设计原则，自行设计或组织学生参与设计和制备的过程。“非常规”物理实验方案与器具设计的一般程序如图 4 - 1 所示。

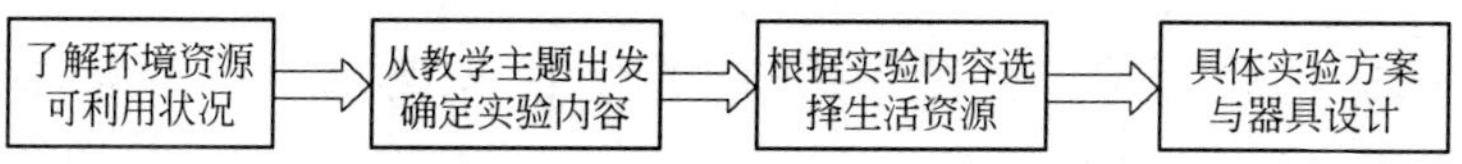

图 4 - 1 “非常规”物理实验方案与器具设计的一般程序

4.2.1 了解环境资源可利用状况

生活环境中的各种材料、物品、器具等都是取之不尽的物理实验资源，如何利用好这些实验资源是顺利开展“非常规”物理实验教学的关键。资源包括两个方面的含义：一方面指事物的来源；另一方面指某种事物对另一事物是不可缺少的，是满足别的事物需要的条件。从广义地讲，教学资源是用来对学生进行教学，实现教学目标的一切素材和材料，即支持教学活动的各种资源。而生活环境中的实验资源指的是用来支持“非常规”物理实验教学活动开展的材料资源与环境资源，这类材料资源和环境资源成为开展“非常规”物理实验教学活动的基本条件。

了解环境中的资源，首先要明确学校所在地理位置，是地处南方还是北方，是在城市或城郊，还是在农村或牧区；然后考查学生居住环境或社区的设施情况、交通情况以及一般学生的家庭状况；还要注意观察学生身边或随身携带的物品、器具等。总之，要用物理的眼光，有意图地观察和了解包括校园设施在内的、多数学生每天或经常接触的“实物”，尽管这些“实物”的原本用途不是指向物理实验的，具有“潜在性”特点，这就需要我们努力去发现并挖掘或开发其蕴涵的教育教学价值和意义。挖掘或开发实验资源的基本思想是“源于生活，超越生活”。源于生活是指源于学生的生活，即实验的取材与环境来自学生的生活世界，与学生的生活经验及需要相联系，让学生感到这些事物对自己的生活有实际意义；而超越生活是指对这些资源的利用，并不是对生活中的资源进行简单的加工与使用，而是要对其能够实现的实验功能进行深入的挖掘并赋予它新的意义，目的是要满足学生的情感、认知方面的多种需要，在使学生产生情感共鸣的同时，唤起积极的思维和动手的欲望。“在任何地方搜寻与发现意义，并且不断地转化自己的经验以揭示新的意义，这是人类思维的一个特征”，因此，为了创设能够对学生具有生活实际意义的实验情境，必须要根据大多数学生的经验及需要，深入挖掘生活中能够赋予其意义的实验资源。

4.2.2 确定“非常规”物理实验内容

“非常规”物理实验的方案与器具的设计总是针对教学主题或教学内容的，那么是不是所有的物理教学主题都能够找到对应的“非常规”物理实验的内容，答案是“不确定”。因为中学物理涉及的许多教学主题，如“电场强度”、“磁感应强度”等概念的建立以及微观的分子运动或原子物理等方面的内容，就连厂制专门化的实验仪器设备都存在空白，而利用“非专门化”的生活环境资源开展的简易实验就更无法呈现出相关的实验现象了。所以，“非常规”物理实验总体上适合于经典物理学中利用人的感官直接感知或借助技术手段能够间接感知的物理现象，对应的物理教学主题在中学物理课程中占有绝对大的比例。例如初中的“声现象”、“光现象”、“物态变化”、“运动和力”、“力和机械”、“压强和浮力”以及“电流与电路”等，高中“运动的描述”、“力与平衡”、“力与运动”、“能量转化与守恒”、“抛体运动”、“匀速圆周运动”、“振动与波”、“热现象”、“电场与磁场”、“光的折射与全反射”、“光的干涉与衍射”等等。这些教学主题大都有对应的常规实验器材，比如初中的弹簧秤、滑轮、轮轴、砝码、压强演示桌、马德堡半球、水槽、溢水杯、温度计、凸透镜、学生电源、条形磁铁等；高中的力学小车、电磁打点计时器、平抛竖落仪、斜槽轨道、圆周运动实验器、单摆、静电计、起电机、示波器、螺线管、激光器等等。但是，这些器材中的相当一部分都可以用“非常规”物理实验器具作为“替代物”或“配合物”，例如给“橡皮筋”制一个刻度板可以替代“弹簧秤”、用“易拉罐”可以自制“滑轮”、用“吸盘挂钩”可以模拟“马德堡半球”、用“饮料瓶”可以改制“溢水杯”、用“玩具小车”可以替代“力学小车”、用“锁头”可以替代“摆球”、用“激光教鞭”可以替代“激光器”、用“漆包线”可以绕制各种“线圈”或“螺线管”等等。可见，除了一些制作工艺与结构复杂的仪器（如示波器、电表等），大部分厂制实验器材都可以运用环境中易得材料、物品或器具等替代，或通过设计制作实验器具来满足“非常规”物理实验教学的要求。

总之，不同的教学专题，对应有不同的常规物理实验内容，根据常规实验的局限性和特点，确定“非常规”物理实验的内容，以充分发挥“非常规”物理实验的教育教学功能。

4.2.3 根据实验内容选择生活资源

“非常规”物理实验的内容确定之后，接着需要考虑的问题是生活环境中易得材料、物品、器具的选择。实际上，对生活环境中器材的选择是“非常规”物理实验方案与器具设计的一个重要组成部分，很多情况是，一旦实验所用的生活材料、物品、器具选定之后，“非常规”物理实验的方案或器具就基本确定，而有时因为实验所需要的材料、物品、器具在所生活的环境中找不到，这个“非常规”物理实验的方案或器具就无法实现。比如上面提到用“锁头”可以替代“摆球”，如果教室里就有学生熟悉的金属小锁头，再找一段细线绳悬挂，就可以作为“单摆”来开展教学了。也就是说，“小锁头”的选定，“非常规”物理实验的方案与器具就确定了，因为“小锁头”只有一个，由它形成的单摆也只能是作为教师演示实验；如果让学生每人事先准备一个锁头和细线绳，达到每位学生有一套实验器具来开展学生探究性学习，那么，选择“锁头”就显得不适宜了，因为学生家庭闲置不用的锁头一般是不多见的，尤其是城市的一些家庭已经基本不使用小锁头了。其实，使用“锁头”充当“摆球”只是利用了锁头的形状规则性和密度较大的物理属性，符合这两个物理属性的物品应该是很多的，即使是形状有些不规则或密度比金属稍小一些的易得物品也是可以的，比如考虑学生身边的“钥匙”、“硬币”、“橡皮”、“河卵石”等都可以充当“摆球”。这样，根据设计原则，选定其中一种或多种最容易获得的身边物品，就可以实施具有一定教学意图的“非常规”物理实验教学了。

虽然选择“资源丰富”和“容易获得”的生活材料、物品、器具是实现多种教学目的、满足多种教学形式的条件保障，但是，根据“非常规”物理实验方案与器具设计的“关联性原则”，在选择生活材料、物品、器具的过程中，还要注意与学生生活经验和情感方面的联系。由于学生的生活经验和经历不尽相同，为了创设对大多数学生都具有意义的学习情境，需要从学生的生活环境中挖掘并筛选出能够满足学生共同需要的资源作为“非常规”物理实验资源。一个真实的、源于学生已有生活经验和认知水平的学习情境，能够让学生知道学习内容与他们的生活息息相关，会让学生体验到物理对他们生活的意义。“脑研究证实并确认，多元化的复杂而具体的经验对有意义学习和教学是基本的。”就本质而言，学生是从他们正在经历的完整经验中展开学习的。

因此，需要充分考虑学生已有知识以及关于学习内容的生活经验，要了解学生生活在什么样的环境中，有什么样的生活经历，接触过什么事物等等。教师可以通过问卷调查、或与学生交谈以及师生共同讨论等方式，深入了解学生，积累各种有用的信息与素材，在学生熟悉的生活中找到并筛选出大多数学生都会感觉有用、都会感兴趣且与学习主题有着密切联系的素材，以满足学生共同的认知与情感方面的需求。例如，在学习“声现象”教学主题之前，教师需要充分地了解学生有关“声现象”的生活经验、经历以及对“声现象”的前期认识水平，了解学生在日常生活中普遍感兴趣的关于声音的事物与经历，如学生群体对音乐、乐器、噪声等现象的了解及关注程度，这些信息和素材都将是应用“关联性原则”的宝贵资源。此外，实验的环境不应仅仅局限于教室和实验室，还应该拓展到学生生活世界的各个角落，让学生在日常生活中体验到学习物理的快乐。

4.2.4　具体实验方案与器具设计

“非常规”物理实验的具体方案与器具的设计，是依据一定的教学与学习理论，遵循设计原则进行的创造性活动。一般的过程是从教学主题出发，在确定实验内容的前提下，分析各种备选生活材料、物品、器具等资源的物理特性，根据实验需要进行发散思维与集中思维，然后对产生的多种方案进行比较，筛选出符合教学目标和设计原则的“非常规”物理实验方案。

在实际的设计过程中，可能采取两条设计路线或思路进行，一是在实验内容确定的情况下，发散思考生活环境中可利用的资源；二是在给定实验材料、物品、器具等资源的情况下，设想它们可能的实验用途。现分别探讨如下：

4.2.4.1　针对实验主题的“非常规”物理实验方案设计

针对实验主题的“非常规”物理实验方案设计如图 4－2 所示。

这是根据实验主题或内容需要，发散和集中思考选择生活环境中可利用的材料、物品、器具等来解决控制“非常规”物理实验条件的技术问题而进行的设计思路。在上面的步骤中已经讨论了生活资源的选择问题，实际上，实验选材和设计一般

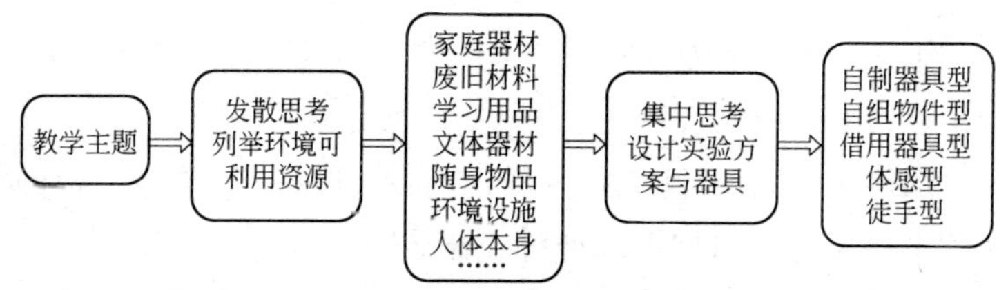

图4－2 针对实验主题的“非常规”物理实验设计过程

是紧密联系在一起的。而选择材料的过程分为“初选”和“筛选”两个环节，“初选”过程是将物理属性符合或基本符合实验要求的生活环境材料、物品、器具等列举出来，侧重以物理学的视角对生活环境资源实验价值进行审视，这是发散思维的过程；“筛选”过程是侧重以教学与学习理论和“非常规”物理实验设计原则出发，分析“初选”出来的各种材料、物品、器具等是否符合教学目标要求以及设计的“非常规”物理实验方案与器具是否可行或便于实施，这是集中思维的过程。图4－2大体反映了这个设计过程。

初中物理“压强”概念的形成是一个难点，现以“压强”教学主题为例，讨论“非常规”物理实验方案与器具设计的工作思路。

“压强”教学主题课程认知目标是：通过实验研究，使学生形成压强的概念，理解压强公式，知道增大和减小压强的方法。

为了达成这一认知目标，需要营造真实的学习情境，使学生通过对熟悉的生活物品器具所呈现的实验现象的观察和体验来理解“什么是压力”、“什么是物体的受力面积”、“压强的大小跟什么因素有关”以及“压强公式的物理意义”等。为此，实验的内容就应该围绕控制物体“受力面积 S”和“受力 F”两个变量来考察“压力的作用效果 p”来进行：

第一，当物体受力面积 S 不变时，改变压力 F，观察压力的

作用效果 p 怎样变化？

第二，当物体受到的压力 F 不变时，改变物体受力面积 S，观察压力的作用效果 p 怎样变化？

上述实验内容对应的厂制常规实验器材一般是一个带四条腿的小方桌，配以细沙或海绵、砝码或砖块等。实验方法：第一步，将四腿向下的小方桌缓慢地放在细沙或海绵表面，观察四条腿下陷的深度，如图 4－3*a* 所示；第二步，将一块较重的砖块或若干砝码缓慢地放在桌面上，继续观察四条腿下陷的深度，如图 4－3*b* 所示。比较两种条件下小方桌四腿下陷的深度，说明：保持物体受力面积不变，当压力增大时，压力的作用效果增强。第三步，将小方桌的桌面向下接触细沙，压上砖块或若干砝码，继续观察桌面下陷的深度，如图 4－3*c* 所示；比较说明：保持物体受力不变，当受力面积增大时，压力的作用效果减小。

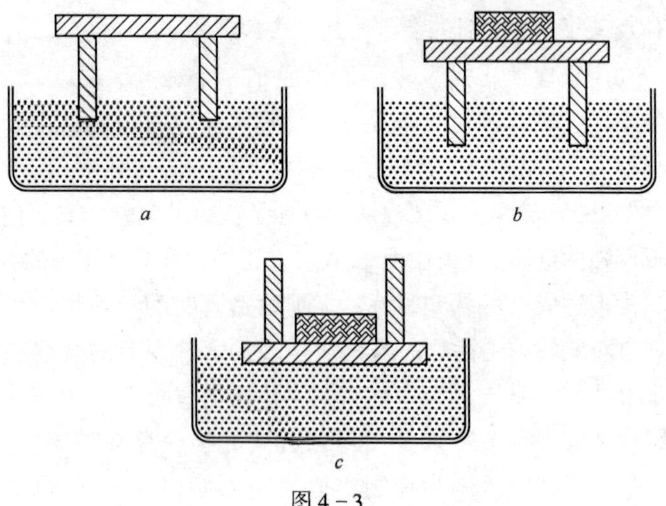

图 4－3

这个实验的演示效果是明显的，能够体现人为“控制变量”、通过观察获取实验事实的实验方法。但是，这个实验的局限性也是很明显的：首先，实验中使用的“小方桌”是实验内容所需要的一种具有简单“结构”的物体，它的特点是“同一物体各端面积不同”，厂商生产这种小方桌是为学校开展压强实验教学专门生产的，成为一种“专门化”实验器具，尽管它形似生活中的“饭桌”、“课桌”或“凳子”，但它毕竟不是取自真实生活中的物品，学生对其“亲切感”不强；其次，厂商为了方便实验教学而大批量生产这种“小方桌”充斥学校的物理课堂，使得实验器材“整齐划一”，教师的教学个性难以充分发挥。

其实，在生活中具有这种“同一物体各端面积不同”结构特点的物品或器具是很多的，关键在于教师能否抓住实验所需器材的物理特点，通过发散思维去发现生活环境中可利用的材料、物品、器具。比如符合或基本符合“同一物体各端面积不同”结构特点的有：各种钉子、图钉、长方体结构的橡皮、一头削尖的铅笔、中性笔或笔芯、书籍、硬纸盒、墨水瓶、肥皂块、课桌、冰鞋、旱冰鞋、凳子、刀具、螺丝刀、锥子、斧头、砖块、长方体结构的木板等，甚至还有生物体（如人体结构或肤觉的利用等）。这个发散思考过程可以组织学生来进行，这样，利用学生熟悉的类似物品或器具来设计实验，更容易创设联结，使学生认识到“压强”的广泛性，从而获得意义。

如何利用经过发散思维而列举出来的这些生活物品来设计“非常规”物理实验，以促进学生理解压强概念，接下来的工作就该集中思维进行具体方案与器具的设计了。下面简介几种实验方案或器具的设计案例，以说明“非常规”物理实验方案与器具设计的多样性以及所体现出来的个性化特征。

因为教师开展“非常规”物理实验教学总是希望在设计和制备实验方案与器具的过程中少花时间、少费力气，而且简便易行，这也是“简易性原则”所要求的。下面的设计案例从“先难后易”的顺序进行介绍。

A　“自制器具型”实验设计

自制器具型“非常规”物理实验器具的设计与制备相对要花费一些时间，但它的优点是：制作出来的器具一般可以重复使用，下一次开展相关内容的实验教学就不需要准备了。

我们设计制作的实验器具是围绕“同一物体各端面积不同”而进行的，根据上面提到的厂制“小方桌”的结构，我们完全可以自制，但既然实验室已经有了这种实验器材，重复制作的必要性不大。我们可以考虑这种结构的“变形”：即考虑桌面再大一点或再小一点、桌腿细一点或粗一点、少一些或多一些等等。按照这样的思路，设计过程如下：

（1）“桌面再大一点”，必要性不大，因为教室里就有现成的学生课桌。

（2）“桌面再小一点”，有必要，因为节省材料、便于携带，但不可作为演示实验。可以组织学生事先在家庭用泡沫塑料板制作一个“小方桌”，利用教科书作为重物，用海绵或细沙作为支撑物，实验方案参考图4－3，在课堂上可以实施“边学边实验”教学。

（3）“桌腿细一点、粗一点”，有必要，因为桌腿变细，桌子的4条腿陷入细沙的深度加大，实验现象更加明显；具体选择一块木板作为桌面，四角分别固定一个细木腿；然后再考虑“桌腿粗一点”，用泡沫塑料制作4个短粗的“桌腿”，该四个粗桌腿的中心分别钻一个跟“细腿”粗细相同的孔，套进“细腿”可以使四条腿变粗，以实现改变受力面积，实验过程如图4－4所示：将细腿小方桌缓慢地放到细沙或海绵上，这时4条细腿陷入细沙的深度比较深（如图4－4a）；然后将4条粗腿套到细腿上，再将“粗腿”小方桌缓慢地放到细沙上，这时，粗腿陷入细沙的深度变浅（四条泡沫塑料腿的重量不大，不影响实验效果），如图4－4*b*所示。这两步实验说明：保持压力不变，当受力面积增大时，压力的作用效果减弱。再在“粗腿”小方桌上缓慢放上砖块，这时方桌的4个粗腿下陷深度变大，如图4－4*c*所示，说明：保持受力面积不变，当压力增大时，压力的作用效果增强。

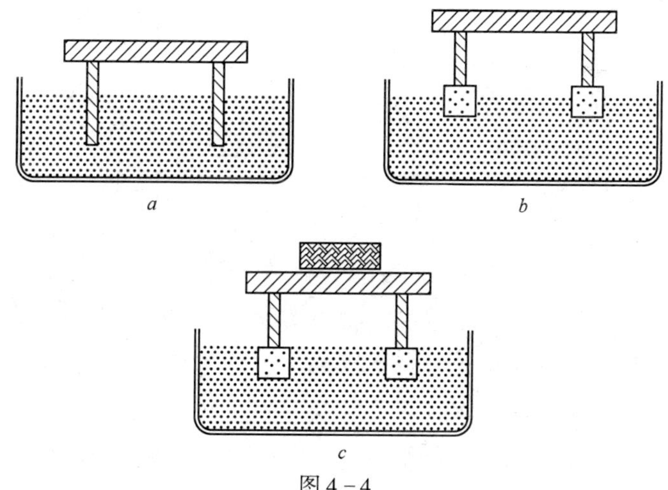

图4－4

这个实验方案中的“粗腿”与“细腿”比较，可引申到穿“平底鞋”与“高跟鞋”在松软路面上走路时的“境遇”，还可以将“粗腿”扩展到“滑雪板”与“拖拉机履带”等。

（4）“桌腿细一点、少一些或多一些”，也有必要，我们可以使实验方案具有刺激性。让桌腿继续变细，用铁钉来替代，在大小约15cm×15cm木板上钉透一个长钉子，制成一个单腿“钉桌”，如图4－5所示，再制作一个面积约35cm×35cm的“钉桌”（钉子间距小于0.5cm），如图4－6所示。实验时，教师先将单腿“钉桌”钉尖朝上平放在地面，问学生：“哪位同学敢赤脚踩在钉尖上？”这个问题会让学生“毛骨悚然”，无人敢应；接着，教师把满是钉尖的“钉桌”放在地上，问：“哪位同学敢于赤脚踩在这个钉尖上?”学生还可能是没人敢来。这时教师可以率先赤脚站上去，学生会“沸腾”起来，再让一些学生轮流照此站在钉尖组成的平面上去感受。实验结果是，学生们并没有感到与钉尖接触的脚面像想象中的那样疼痛难忍。该实验可巩固学生对压强概念的理解。

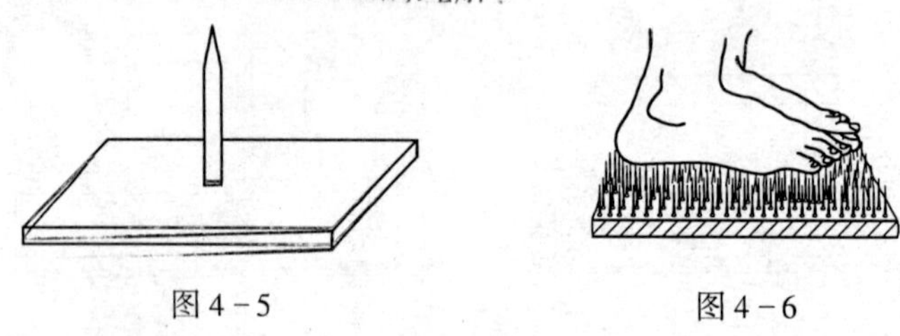

图 4－5　　图 4－6

B　“自组物件型”实验设计

自组物件型“非常规”物理实验主要是通过选择适合的材料、物品与器具开展的实验教学，这类实验的课前设计和准备相对自制器具比较省时间，但组合的材料一般是临时拼凑，不宜整体保存留待下次再用。对于“压强”教学主题，实验方案的设计过程仍然是围绕“同一物体各端面积不同”而进行选材，根据上面列举的相关材料、物品和器具，我们选用一盒图钉、废旧油笔芯、两本教科书以及与教科书大小相当的两块泡沫塑料板进行组合，设计的“非常规”物理实验方案如下：

步骤 1，把一块泡沫板平放在桌面，将 4 枚图钉分别放在泡沫板的 4 个角附近，钉尖向上（如图 4－7a）；将另一块泡沫板放在 4 枚图钉上，由 4 个钉尖支撑（如图 4－7b）；把一本教科书轻缓地放在上一层泡沫板上，引导学生观察两泡沫板之间的距离变化（如果没有变化再放一本教科书），即观察钉尖有没有扎进上面的泡沫塑料板，钉帽有没有进入下面的泡沫板。实验现象如图 4－7c 所示，4 枚图钉的钉尖几乎全部扎进上层泡沫板

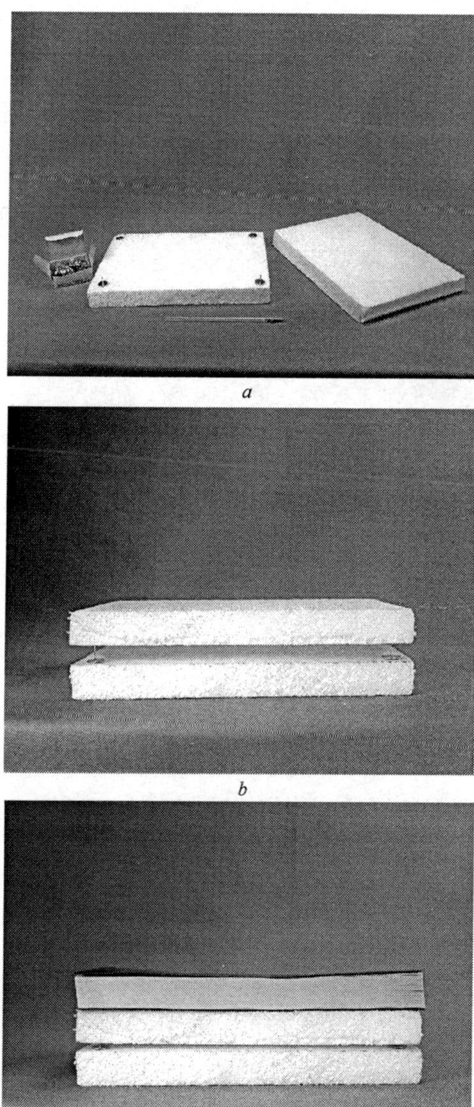
a

b

c

图 4-7

中，两板距离变小，而钉帽没有进入泡沫板。对现象的说明：上下两个泡沫板由4枚图钉支撑，钉尖对上板的压力与钉帽对下板的压力相同，但由于受力面积不同，所以压力的作用效果不同。

步骤2，用文具刀将废旧油笔芯割下等长、平头、比图钉尖略高的4段细管，将4段细管分别套在4枚图钉尖上，相当于钉尖变粗（如图4－8*a*所示），在上层板放上与图4－7*c*相同的教科书，观察两泡沫板之间的距离变化。实验现象是，4枚“变粗”的钉尖扎进泡沫板的深度不明显（如图4－8*b*所示）；再放上一本相同的教科书，4枚“变粗”的钉尖扎进泡沫板的深度仍然不明显（如图4－8*c*所示）。对现象的说明：压力不变的情况下，由于增加了4个支撑点的受力面积，所以钉尖对上板压力的作用效果减弱了。如果要达到图4－7*c*所示的效果，需要继续加大压力。

步骤3，将步骤1中的4枚图钉增加为一盒（约50枚），将它们均匀分布，钉尖朝上，如图4－9*a*所示；在上层板放上与图4－8*c*相同的教科书，再观察两泡沫板之间的距离变化，可见，众多图钉扎进泡沫板的深度也不明显，如图4－9*b*所示。说明压力不变的情况下，由于增加了钉尖的数量，即增加了压力的作用面积，所以钉尖对上板压力的作用效果同样减弱了。如果要达到图4－7*c*所示的效果，同样需要继续加大压力。

通过实验现象使学生理解：压力作用的效果不仅与压力的大小有关系，还与受力面积的大小有关系。也就是说，比较压力作用的效果，需要比较单位面积上受到的压力。所以，物体单位面积上受到的压力称作压强。

通过以上实验方案可以看出，组合物件型“非常规”物理实验是尽量选择生活环境中容易获得的材料、物品、器具开展的富有个性化实验教学活动，实施起来比较方便，教学效果并

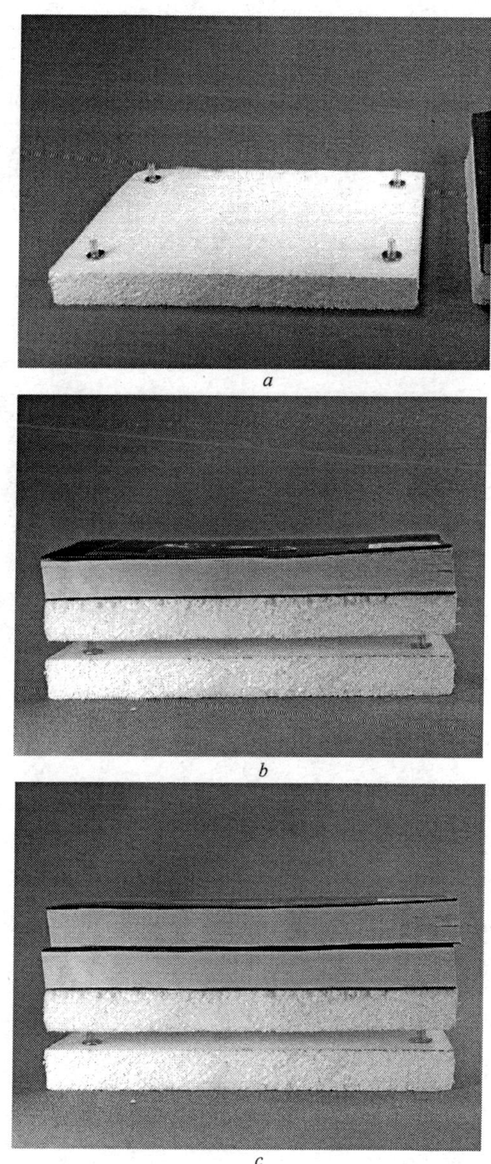

图4-8

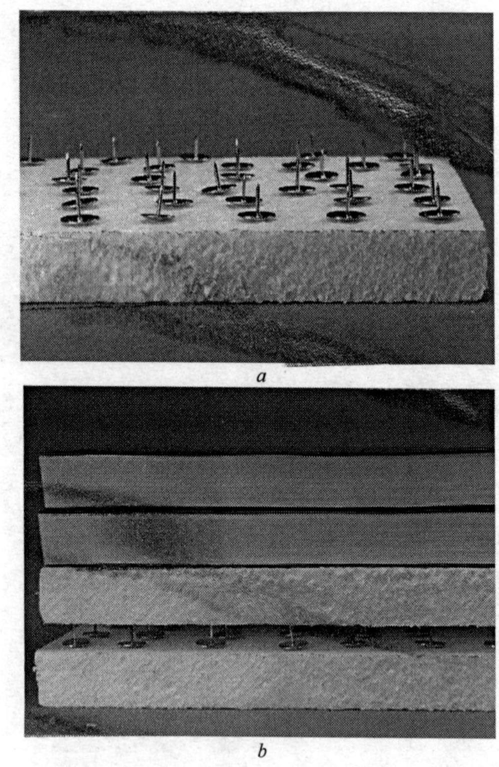

a

b

图4－9

不比厂制实验器具差，而且，学生还可以很容易地在家庭自主进行实验。

C “借用器具型”实验设计

借用器具型“非常规”物理实验主要是选择和利用生活环境中具有所需物理属性的物品或器具来开展的实验教学活动。实验过程对所选用的生活器具不能有损坏，借用结束之后归还原主。这类实验实施方便、快捷，有利于把物理知识向生活中迁移。

对于“压强”教学主题，实验方案的设计过程还是围绕

“同一物体各端面积不同”而进行器具选择。前面我们列举出来的相关器具有：课桌、冰鞋、旱冰鞋、凳子、刀具、螺丝刀、锥子、斧头等，这些器具在一定条件下运用，就可以呈现我们预期的实验现象，比如配合某种松软的材料（如细沙、海绵、泡沫塑料或软木等）便可以设计出各种实验方案。下面我们把利用这些器具开展“压强”教学主题的实验方案作一个简要介绍。

（1）利用菜刀、螺丝刀、锥子与斧头做实验。菜刀、螺丝刀、锥子与斧头都是生活用具，相同的物理特征是“一侧锋利、一侧平钝”或“两端面积不同”，根据这一特征，实验方案可以设计成演示型的，也可设计成体验型的。演示型的实验方案是，找一块泡沫塑料，教师用这几种器具锋利的一端做“切”、“扎”和“砍”的作用，让学生观察作用效果；然后再用这几种器具平钝的一端进行相同的作用，再让学生观察作用的效果；引导学生比较两次作用的效果，理解增大和减小压强的方法。

（2）利用冰鞋与旱冰鞋做实验。冰鞋是北方学生比较熟悉的体育用具，旱冰鞋是城市里长大的学生都熟悉的健身用具。由于这两种器具的使用场合分别是在坚硬的冰面和平硬的路面或广场，学生一般不会从压强的角度认识它们。找一块面积稍大的泡沫板放在讲台上，让两位学生分别穿上冰鞋和旱冰鞋站在泡沫板上，让大家观察冰刀和旱冰鞋的轮子对泡沫板的作用效果；然后给冰刀带上坚硬的“刀鞘”、给旱冰鞋的轮子带上硬塑料套，再让这两位学生站到泡沫板上，观察对泡沫板的作用效果。比较发现：由于受力面积的增大，压力的作用效果减弱。

用冰鞋做实验时注意不要让冰刀直接接触坚硬的水泥地或木地板，避免损坏冰刀刀刃或损坏地板。

（3）利用课桌、椅子或凳子做实验。学生用的课桌、椅子或凳子是生活中不可缺少的用具，而教室中的课桌和椅子可以直接用于开展“压强”教学主题的实验活动。教师一般不用它们做实验主要是因为觉得它们太大，因为生活中不容易找到桌面或椅子面大小的泡沫板，即使是使用细沙，也要事先找到对应大小的纸盒沙槽，即使找到了纸盒沙槽，需要的细沙量却很大，搬移这些细沙很不方便，搞不好洒落一地。其实，课堂演示器具大型化，不仅可以增大实验现象的可见程度，还可以增强实验教学的“渲染力”，活跃课堂气氛。只要教师有开展“非常规”物理实验教学的意识，开动脑筋，遇到的各种问题都会逐一解决。所以，借用课桌来演示“压强”实验现象遇到的上述问题是能够解决的，其解决方案对于借用椅子或凳子演示“压强”实验同样适用。

假如我们找到的泡沫塑料板比桌面小很多，如图 4－10 所示，办法是把泡沫塑料板分成大小基本相同的 4 块，每小块泡沫板的上下面积都比桌腿底面积大许多。实验时，在每个桌腿的下面垫上一块泡沫板，观察桌腿的下陷深度，如图 4－11 所示。

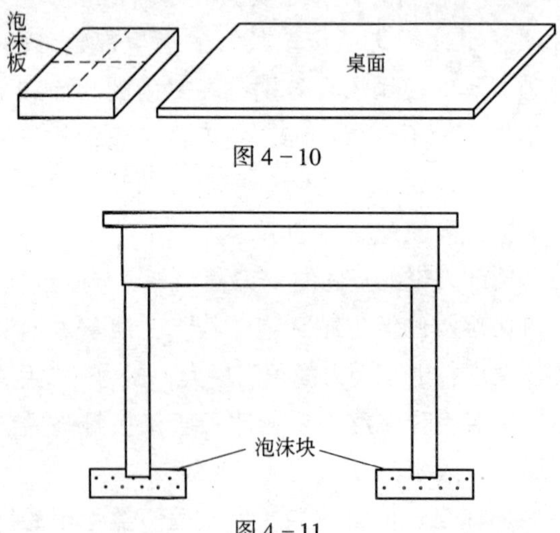

图 4－10

图 4－11

然后让一个同学轻轻地趴到桌面上，再观察桌腿下陷的深度变化；再换一位体重大的同学趴到桌面上，看看桌腿下陷的深度有没有明显变化（这是为了活跃课堂教学气氛）。接下来，可以将桌子翻过来，让桌面四角区域压在4块泡沫板上，再观察泡沫板的厚度变化（图略）。

可见，借用课桌实施的“压强”教学主题的实验，与厂制“小方桌”，如图4－3所示。开展的实验相比，学生更容易接受前者，或者说，学生更喜欢参与性的实验教学活动。尽管借用课桌的实验方案花费的课堂教学时间可能稍多一些，但是它的感染力增强，给学生留下的印象深刻。当然，如果这个实验能够在一个更大的桌子上进行，效果会更好，仅仅在讲台上进行，可见度不够理想。

当然，图4－11中的泡沫块也可以用弹性稍大的4个海绵块以及4个盛满细沙的盒子来替代。“非常规”物理实验对所用材料、物品、器具没有固定的要求，相反，它强调就地取材，因地制宜，强调灵活性和简易性，强调教师教学个性和创造性的发挥。

D “体感型”实验设计

体感型“非常规”物理实验主要是利用人体肤觉（包括触觉、温觉、痛觉等）感知某一物理量及其变化趋势的实验教学活动。其特点是人体或人体局部作为实验的组成部分，所以说，有学生参与的实验活动不一定都是“体感”实验。如图4－6所示的“钉桌”实验就是一个典型的体感型“非常规”物理实验，因为它是通过足底站在由密集的钉尖构成的平面上，利用触觉来感知钉尖对足底并没有刺痛感，直接体验增大受力面积对压力作用效果的减弱。所以，这种靠直接体验获得经验的可靠性和感受性，是视听觉手段无可比拟的。因此，在实验内容与客观条件允许的情况下，尽量设计一些体感型实验，以发挥学生多种感官的作用，对于促进学生对感受对象的理解、形成丰富的直接经验是十分有益的。

体感型“非常规”物理实验的实施，有时是十分便利的。比如关于“压强”教学主题的体感型实验方案可以用一个图钉来实现：给每位学生发 1 枚图钉，让学生用拇指和食指将图钉夹在指间，如图 4 - 12 所示。当两指稍稍用力夹图钉时，与图钉尖端接触的手指会感到不适，同时会看到与图钉尖接触的指肚面凹进，而与图钉帽接触的手指仅有挤压感。通过这种短时间的体验就可以促使学生建立这样的意义：压力相等的情况下，受力面积越小，压强越大；压力不一定都是垂直地面向下，可以是任何方向。

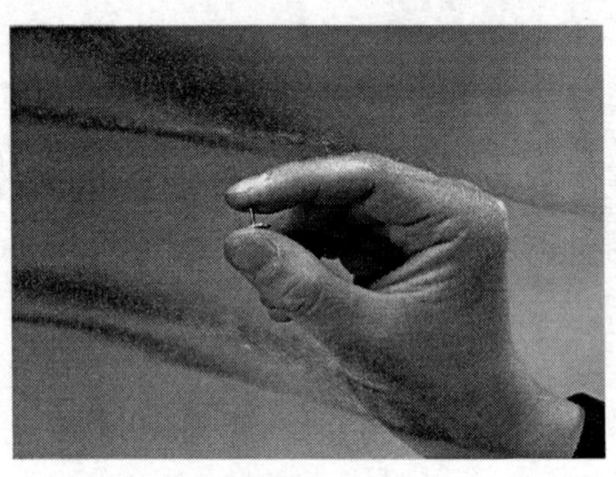

图 4 - 12

在用图钉进行的压强概念体验实验时，要提醒学生注意用力不能太大，以免受伤。这个实验也可不用图钉，观察一下学生的文具盒中有没有可利用的文具，一端形状尖、一端形状平的文具有铅笔或中性笔等。所以，利用学生随身携带的文具就可以很方便地进行这种体感型“非常规”物理实验了。

E　“徒手型”实验设计

徒手型“非常规”物理实验是一种基本不需其他实验材料，

主要利用双手或人体的自然结构和属性进行的实验感知活动。这类实验虽然比较定性或粗略，但实施起来最为方便，某些实验能够突破材料限制，随时随地都可以操作。

人们往往忽略自己的双手或身体的自然结构或物理属性，仔细考察和分析一下自身的物理特征、设计一些物理实验方案，应该说是一件很有意思的事情。围绕“压强”教学主题来思考人体“各端面积不同”的部位或通过变形实现此结构，是设计相关实验的前提。分析一下“手”的结构会发现，手指是“尖”的部位，而手指甲是相对“锋利”的部位；五指伸展靠拢形成的手掌面则是表面积最大的部位，握紧拳头之后也会形成几个面积较大的部位。找到这些特征之后，应该能够设计出实验方案。比如将右手的食指伸直，食指尖顶到左手的掌心（如图 4－13*a* 所示），稍稍用力，左手手心就会产生“刺痛感”；再将食指回握折成一个小平面（如图 4－13*b* 所示），将此面再

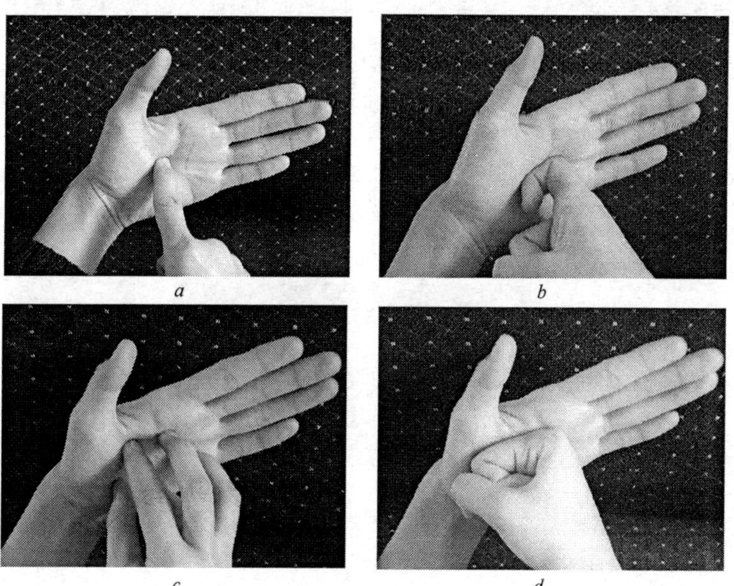

a *b* *c* *d*

图 4－13

去顶左手掌心，此时，掌心只有被挤压的感觉。此现象说明，压力的作用效果与受力面积有关，在压力一定时，受力面积越小，压强越大。这个实验过程也可以用右手的 5 个指尖顶到左手的掌面，如图 4－13*c* 所示，稍稍用力，左手手掌面也会有"刺痛感"；再将右手五指回握折成拳头，用拳头的一个小平面再去顶左手的掌面，如图 4－13*d* 所示，此时，掌面只有被挤压的感觉。

再分析一下身体的结构，人的双脚支撑人体的重量，显然，人对地面的压强是由双脚接触地面的面积决定的，体重相同的人，两脚掌越大，对地面的压强越小。如果学生家庭有"席梦思床垫"，可以让学生在家试做这样的实验：分别"站"、"跪"和"趴"在床垫上，如图 4－14 所示，观察床面下陷的深度。

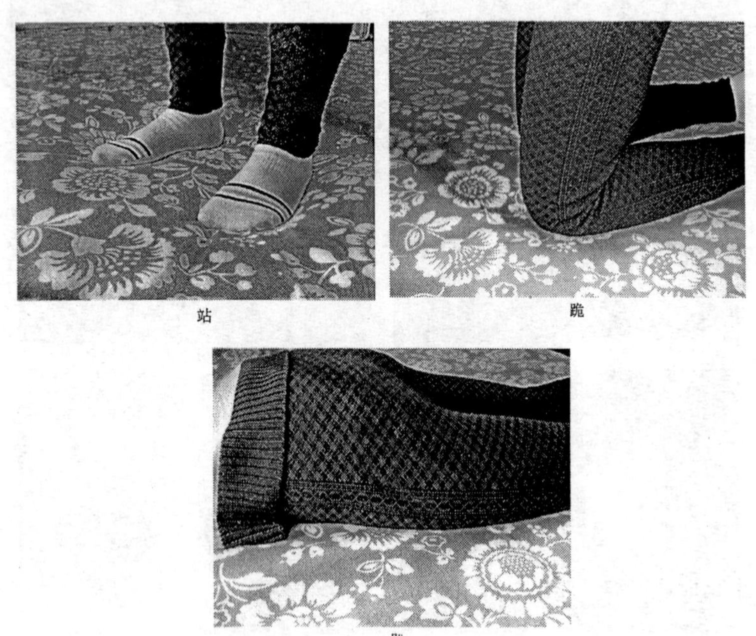

站　跪

趴

图 4－14

北方寒冷地区的学生可找机会在雪地里试做，农村、牧区的学生可以找机会在草垛上试做。一般学校的运动场都有跳远用的专用沙坑、体育馆里有较厚的海绵垫，等等，这些自然条件都可以有效利用。教师有意识地布置学生进行这些课外实验活动，是从时空上对物理教学的拓展，这对学生广泛地迁移知识无疑具有促进作用。考查学生对“压强”知识的迁移程度，可以提出一个可能发生的真实情境：如果一位儿童在薄冰上玩耍不慎落入水中或陷入泥泞的沼泽地，营救人员要靠近遇难者时能否走着过去，需要注意什么，如果学生对解决这类问题不能提出合理的建议或不能采取合理的措施，那么，我们的物理教学就是低效的，甚至可以说是失败的。

以上讨论，是根据实验主题或内容需要，发散和集中思考选择生活环境中可利用的材料、物品、器具等来解决控制“非常规”物理实验条件的技术问题而进行的设计思路，并结合实例从“难”到“易”阐述了各种“非常规”物理实验的设计过程和相关的思考。我们把上述设计过程用图4－15概要表示。

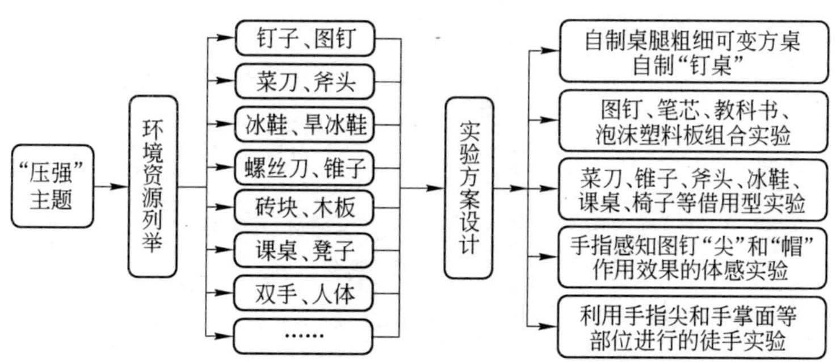

图4－15 针对“压强”教学主题的“非常规”物理实验方案与器具设计过程

关于“压强”教学主题的初中物理教学，尽管不能一次把上面介绍的所有实验案例都实施，但通过设计过程的介绍以及实验设计案例的列举，可以让我们认识到“非常规”物理实验资源的丰富性和广泛性。教师富有创造性地开发和利用这些资源，同时组织学生参与到资源的开发设计中来，使物理教学过程体现智慧、情感、意义和价值观，达到教学系统诸多要素的平衡与协调，这无疑会促进物理教学健康发展，尤其是有利于促进学生健康和谐发展。

4.2.4.2 针对环境中某具体实物的“非常规”物理实验设计

这是根据给定生活环境中的某一具体“实物”，通过进行发散与集中思维设想其实验用途的设计思路，是发展教师的创造性、同时培育学生的创造意识和能力的一条有效途径。我们把针对某种“实物”开发设计“非常规”物理实验的工作思路用图4－16来表示。

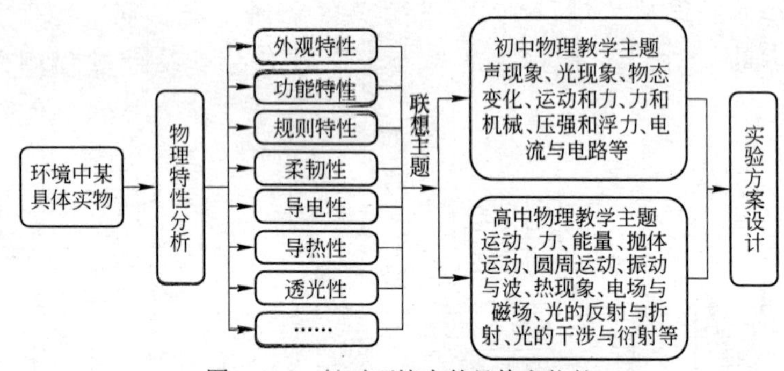

图4－16 针对环境中某具体实物的“非常规”物理实验设计过程

生活中的材料、物品、器具等物质资源，除了有其生活用途之外，都具有某些物理特性，如外观形状、特有的功能、质地、弹性、导电性、导热性等，全面分析和列举这些物质资源的物理特性是有效利用它们设计“非常规”物理实验方案与器具的基础。环境中某种“实物”的物理特性或者可以直接用来呈现某些物理教学主题的相关原理，或者通过人为控制或干预，创造出特定的观察条件，或者通过人为改变结构、与他物组合，形成某种实验器具以呈现预期的物理现象等。

在具体的设计过程中，首先要思考某一具体“实物”的某一物理特性有可能被哪些物理教学主题所用到，将这些特性与教学主题建立对应的联系，这是一个发散与集中思维同时进行的过程，接下来才是“非常规”物理实验方案或器具的具体设计过程。虽然生活环境中材料、物品、器具等种类繁多，就某一种物品而言又有多方面的物理特性，理论上可以设计出众多“非常规”物理实验方案，但是，考虑到设计“非常规”物理实验的“目的性”、“简易性”等原则，没有办法、也没有必要逐一全面地把所有设计方案或器具列举出来进行讨论。归纳总结“针对环境中某具体实物的‘非常规’物理实验设计”的一般程序，目的是探索物理实验资源开发设计的一般规律，以利于参与这项工作的广大教师少走弯路，缩短开发设计的周期，提高工作效率。下面，我们还是通过案例来说明设计过程。

硬币是我们生活中不可缺少的随身物品，学生熟悉，容易获得，用其进行简易的“非常规”物理实验教学与学习活动具有很大的便利性。硬币的物理特性是：体积较小，外观呈圆片或圆盘形，上下表面总体平整，有的硬币边缘光滑，有的呈现细齿状；同版相同面值的硬币基本上具有相同的物理特性；旧版硬币由铝合金制成，表面经常被氧化失去光泽；新版硬币的材料主要是钛铬合金，密度较大，表面光泽且不容易被氧化；新旧版的硬币都具有良好的导电性、导热性和刚性等等。根据硬币的这些物理特性，联想物理教学主题，可以设计以下“非常规”物理实验方案。

A　演示硬币的惯性实验

根据硬币的形状、密度较大的特性，可以与玻璃杯、纸条等配合进行“惯性实验”。具体方案是：剪一张宽 2cm、长 12cm 的纸条，将一头搭在玻璃杯口上，再把 3 枚相同的硬币放在杯口边缘的纸条上并调整硬币的重心使它平衡，如图 4－17 所示。然后，用左手捏紧纸条的另一端，并与玻璃杯口保持水平；右手握一把尺子或伸出食指，对准离硬币约 4cm 处向纸条猛击下去，结果是纸条被抽出，而硬币却留在杯口上且纹丝不动，好像粘在上面似的。此现象说明，任何物体都具有惯性，原来静止的物体要保持静止，原来运动的物体要保持运动状态不变。

图 4－17

B　验证动量守恒定律实验

利用硬币的刚性与表面光滑等特性，可设计在光滑的桌面上进行弹性碰撞实验，以证明动量守恒定律。具体方案是：准备 3 枚相同面值且边缘无齿的硬币，在光滑的桌面上先放一枚硬币，将第二枚硬币放在距离第一枚硬币 6 ~ 10cm 远处，用手指弹射第二枚硬币，使之与第一枚硬币做对心碰撞，会发现碰撞后的结果是：运动的第二枚硬币静止，第一枚硬币向前运动，如图 4－18a 所示。再将两枚硬币相互靠紧放在桌面上，取名 1 和 2，再将硬币 3 放到桌面上距离硬币 2 为 6 ~ 10cm，3 枚硬币排列在一条直线上。用手指弹射硬币 3 去正碰硬币 2（注意：一定要沿着3个硬币的轴线方向)。结果是:硬币2没有动,硬币1从静止开始向前运动,而硬币3却靠紧硬币2静止不动了,如图4-18*b*所示。以上现象即表明,当系统不受外力(或所受外力的合力为零)的情况下,动量守恒。

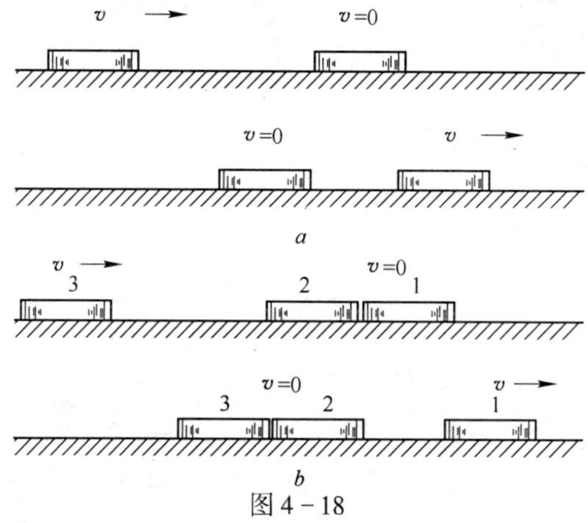

图4-18

C 验证表面张力实验

根据硬币形状"扁平"和体积小的特性,与小酒杯或水杯配合可以进行证明液体具有表面张力的实验。具体方案是:准备一个小酒杯(口径约为3~4cm),硬币若干(5分、1角、5角均可)。将小酒杯装入清水(不要太满),然后尽可能轻缓地将硬币平放在水面上,如图4-19*a*所示,可以看到硬币会"浮"在水面上。这是因为水的表面总是有一种向最小收缩的趋势,所以在液面上任何相邻两部分之间具有相互作用的张力(牵引力),其方向和液面相切,并和液面上这相邻两部分的分界线垂直。物理学中把液体表面相邻部分之间单位长度内的相互牵引力称为表面张力。硬币能"浮"在水面,就是由于没有破坏液面,而被表面张力"抬"了起来。

我们还可以用另一个实验方案来说明表面张力的存在。将小酒杯注满清水，此时可发现杯中的水面基本上是水平的。然后我们将硬币一枚又一枚，轻轻地竖直放入杯中。放硬币时动作要尽量慢，防止杯中水面晃动。每放一枚硬币，观察杯中水面形状的变化。随着水中硬币的增多，杯中的水将在杯口逐渐明显凸起，如图 4－19*b* 所示。由此可进一步验证液体表面的收缩趋势和表面张力的存在。

图 4－19

D　分子引力实验

选取面积较大的旧版 5 分硬币 6 枚，将硬币表面蘸上水，让它们重合起来，保持硬币水平，用手竖直向上提上面第一枚硬币，下面那 5 枚硬币会被一起提起来（图略）。现象说明，使硬币粘在一起的是分子间的作用力。由于硬币之间并没有抽真空，因此硬币粘在一起，不能解释为大气压强的作用。

E　验证接触电阻实验

利用旧版硬币易被氧化或弄污的特性，可以设计一个实验方案证明金属之间有接触电阻。实验方案是：准备两节 1.5V 的干电池，一只 3.8V 的小灯泡，6～8 枚硬币。按图 4－20 所示接通硬币、电源和小灯泡。先让这些硬币斜靠在一起，但要保证导线与硬币、硬币与硬币之间接触，这时会发现灯泡几乎是不亮的；然后对叠合在一起的硬币慢慢用力夹紧，结果发现小灯泡越来越亮了。

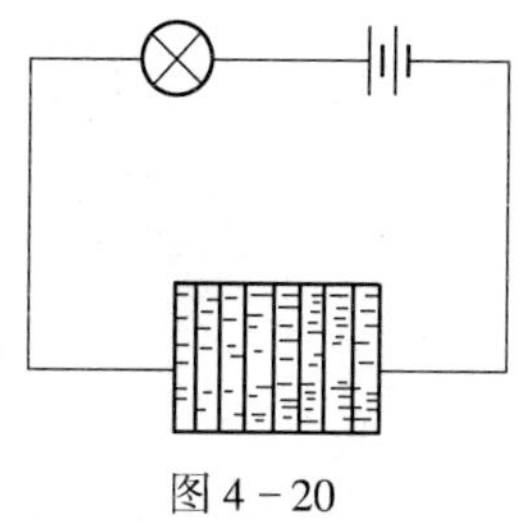

图 4－20

小灯泡的明暗变化反映出硬币间存在着接触电阻。接触电阻与导体表面氧化程度、光洁程度及清洁程度等因素有关。上面的实验现象说明，接触电阻随金属之间压力的增大而减小。可以设想，如果压力足够大时，硬币就会成为一体，接触电阻就转化为导体电阻了。通过该实验可以让学生知道在生活中利用加大压力的办法来减小接触电阻的例子，如电子产品中电池盒中的弹簧、电源插座中的有弹性的金属接触片等等。

F 电磁阻尼实验

利用硬币形状规则且密度大的特点，可以使其充当单摆的摆锤来研究单摆运动规律，但由于它是扁平的，且属于块状金属，因此可以设计一个阻尼摆实验，以说明楞次定律的一个应用实例。具体实验方案是：取 1 枚 1 元新版硬币，将一段细线的一端用透明胶带粘在硬币的边缘，作成单摆，如图 4－21*a* 所示，让硬币在摆动时其面法线方向始终与摆动方向垂直。另外找一块马蹄形磁铁或旧扬声器上的永久磁铁。先使单摆以一定的摆角摆动起来，观察其摆动的次数，最后趋于停止；然后在单摆的正下方放一块磁铁（如图 4－21*b* 所示），再让单摆以同样的摆角摆动起来，此时将会发现，单摆的摆动次数明显减少，很快趋于停止。

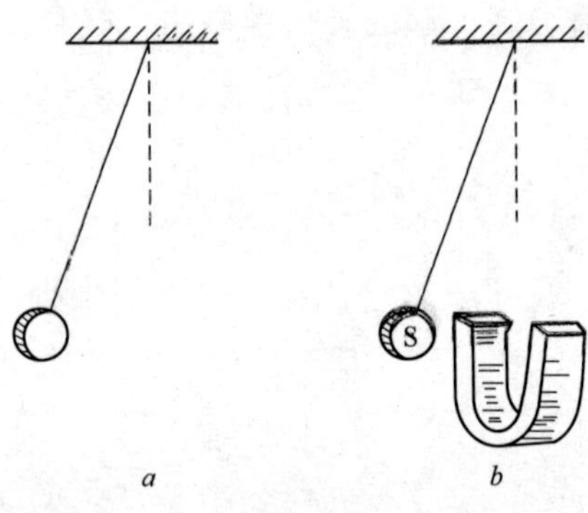

图 4－21

实验现象表明，未加磁铁之前单摆的摆动过程只受到空气阻力的作用，最后趋于停止；而加了磁铁之后，单摆的摆动过程除了受到空气阻力的作用之外，还受到较大的电磁阻尼的影响，使其很快趋于停止。这个电磁阻尼的来源是硬币在进、出磁场的过程中，硬币面积的磁通量发生变化，硬币内产生感应电流（即涡电流），该电流受到磁场力的作用方向与硬币的摆动方向总是相反，因此硬币很快趋于停止（电磁阻尼的来源也可用楞次定律进行解释）。

通过以上几个实验设计案例可以看出，利用硬币设计“非常规”物理实验，主要是针对选定“实物”的物理特性展开的。上面所讨论的几个案例只是针对硬币的几个主要物理特性进行的实验方案设计，其实，对某一具体“实物”的物理特性分析得越全面、列举的特性越多，设计的方案就会越多。针对硬币来说，相同面值硬币物理特性的一致性，在“非常规”物理实验中可以作为“砝码”来利用，配合文具尺等可以进行力矩的平衡实验；根据它在斜面既可以滑动又可以滚动的特性，可以设计一个简易实验来研究滑动摩擦力与滚动摩擦力的比较实验；根据它平放和立放与桌面的接触面积不同，可以设计一个压强实验或人体感受压强的体感实验；根据它本身是一个小重物的特性，用一段细绳系牢，手抓细绳一段摇动使硬币做匀速圆周运动，可以感受向心力的大小；此外，还可以根据硬币两个面的图案不同，研究单个或大量硬币呈现的概率现象等等。可见，一个小小的硬币就可以设计出如此之多的"非常规"物理实验方案。我们把这个设计过程用图4-22简要归纳。

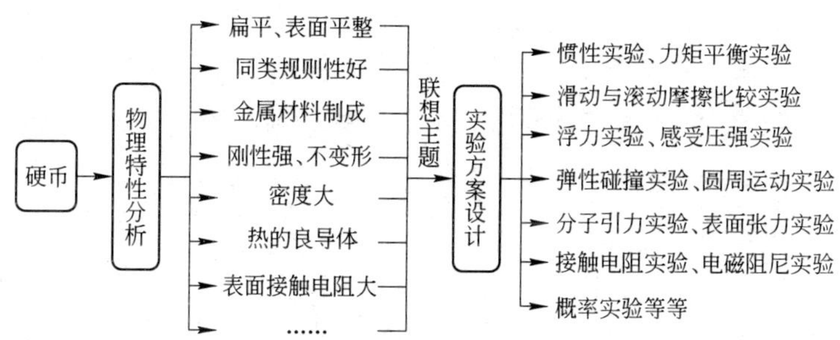

图4-22 针对硬币的"非常规"物理实验设计过程

综上所述，我们结合设计案例探讨了"非常规"物理实验方案与器具设计的一般程序，是对开发利用生活环境中潜在课程资源一般原理与方法的概括与归纳，是在总结大量实验开发设计经验的基础上，使"非常规"物理实验开发设计向理论化迈进的新探索。随着广大物理教师的积极参与和无限创造性的发挥，"非常规"物理实验方案与器具的设计理论与方法将会不断完善。

4.3 "非常规"物理实验方案与器具设计专题研究

"非常规"物理实验方案与器具的实际设计成果是繁多的，我们现从"针对实验主题"和"针对环境中某具体实物"两条设计线路出发，从中选择一些典型案例，并依据前文提出的设计原则对这些实验设计案例进行分析与评价。

4.3.1　针对实验主题的"非常规"物理实验方案设计案例研究

4.3.1.1　关于"热的传播"教学主题的实验设计案例分析

"热的传播"教学主题的认知目标是：知道热可由传导、对流和辐射三种方式传播，并在日常生活中利用热的传播性质（保温、散热等）；通过实验研究，认识不同的物质热传导的能力是不同的，金属是热的良导体；了解液体和气体的对流现象，确认对流是一种利用液体或气体的流动来传递热的方式；了解热辐射的方向性、是否依靠媒介物，热辐射的本领与什么有关。

A　呈现热传导快慢的实验方案

用到的材料：

细棉线一段，蜡烛一只，约40cm长铁丝（或其他金属丝），细木棍或竹制毛衣针，剪刀，带夹子的铁架台，蜡烛，长试管，试管夹，小活鱼等。

方案1：研究热传导

将铁丝弯折成平行的两股叉形状，且一长一短，叉股间距约3cm；将叉子形铁丝悬空固定，使两个叉股保持水平，如图4－23a所示；

将蜡烛点燃一段时间后，把棉线经过火焰下蜡烛溶液内浸润成"蜡线"，绷直冷却，如图4－23b所示；

将冷却变硬的棉线用剪刀剪成长为6cm的6小段，如图4－23c所示；

再将6小段"蜡线"等间距平放在铁丝制成的叉股上，如图4－23d所示。用蜡烛的火焰对那段长的叉股加热，片刻后，从靠近火焰的第一根"蜡线"开始依次发生弯折，如图4－23e所示。蜡烛火焰的热通过铁丝传播到第一根"蜡线"处，"蜡线"中的蜡遇热溶化，棉线变软发生弯折；随着热的继续传导，

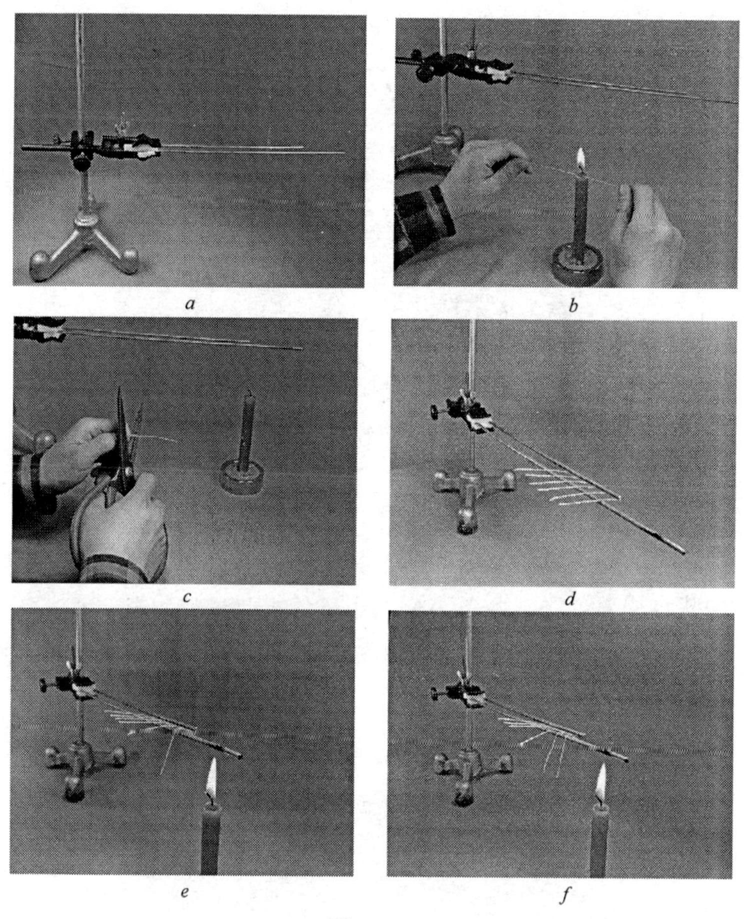

图 4 - 23

第二根“蜡线”弯折，第三根依次弯折，如图 4 - 23*f* 所示。

方案 2：体感不同材料的热传导

组织学生进行体感型“非常规”物理实验，具体方案如图 4 - 24所示：两手各持约 15cm 长的铁丝和木棍的一端，另一端在蜡烛火焰上加热，只要有一只手感觉发热就停止加热。手持铁丝的手先感觉到发热。铁丝传导热的速度比木棍快，所以手持铁丝的手先感觉到温度升高。

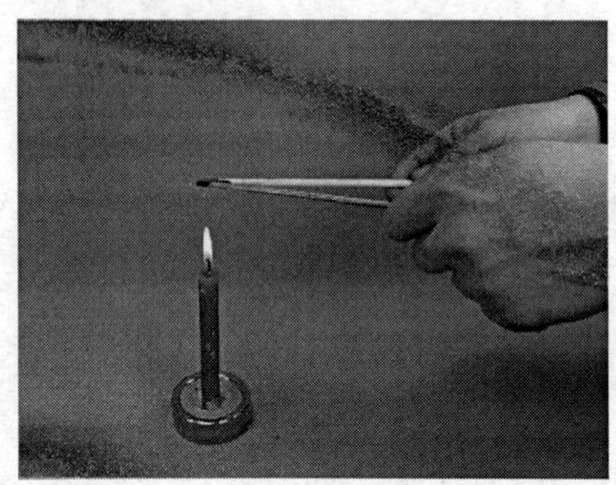

图 4－24

方案 3：水是热的不良导体

再进行一个演示实验，具体方案如图 4－25 所示：将长试管中装水近满，放进两条小鱼。用试管夹将试管上部夹住，手持试管夹将试管的管口处放在酒精灯火焰上加热，持续加热几分钟后，管口处的水开始沸腾。由于水不善于传热，水里的小鱼安然无恙。

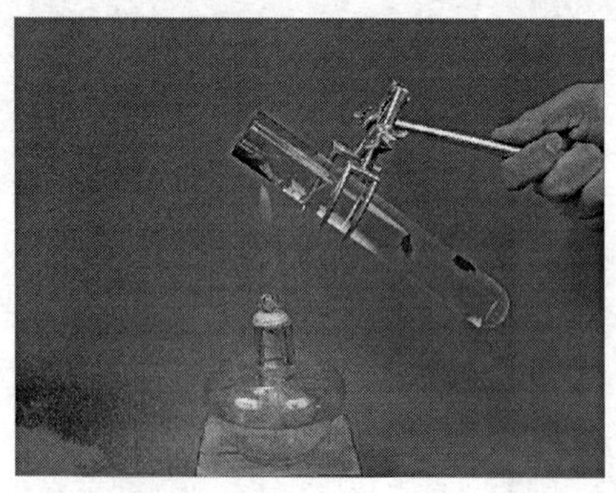

图 4－25

通过以上实验说明：热传导是热从物体的高温部分沿着物

体向低温部分传递的现象。金属是热的良导体，非金属是热的不良导体。

B 呈现热热对流的现象的实验方案

用到的材料：铁架台，长颈烧瓶，高锰酸钾晶粒，酒精灯，易拉罐金属皮，剪刀，细金属丝，蜡烛。

方案1：观察液体的对流现象

将装有冷水和少量高锰酸钾晶粒的长颈烧瓶悬空架在铁架台上；用酒精灯在烧瓶底下对准高锰酸钾晶粒加热（为了确保定位加热，在长颈烧瓶底部垫上一个有孔的金属圆片，通过小孔对准高锰酸钾晶粒加热），注意观察瓶中的水是怎样运动的。片刻后可观察到中间部位紫红色的高锰酸钾溶液缓慢上升，到了水面之后向四周扩散，然后又从瓶子的侧面下降，整个过程如图4－26所示。高锰酸钾溶液的上下运动，说明下面的水与上面的水存在温度差，热水上升，冷水下降，循环不已，最后整个瓶子都热起来。结论：温度高的液体或气体，因密度变小而上升，临近的温度较低的液体或气体对流过来补充，造成液体或气体的对流作用。

方案2：风轮一

将易拉罐剪成一个圆，过圆心划十字线，用剪刀沿十字线剪开（不要剪到圆心）；将剪开的4个扇形稍稍弯曲成叶轮，如图4－27*a*所示；在叶轮中心砸一小坑，用细铁丝支起；细铁丝的另一端悬空固定在铁架台上；将点燃的酒精灯放在叶轮的正下方，这时叶轮发生旋转，如图4－27*b*所示。原因是热空气上升，冷空气下降。空气流动形成风，在风的推动下叶轮旋转起来。

方案3：风轮二

将一纸片按图示剪成一个风轮，在其中心用细线悬挂，细线的另一端绑在一个木棍上，手持木棍将风轮悬在蜡烛火焰的

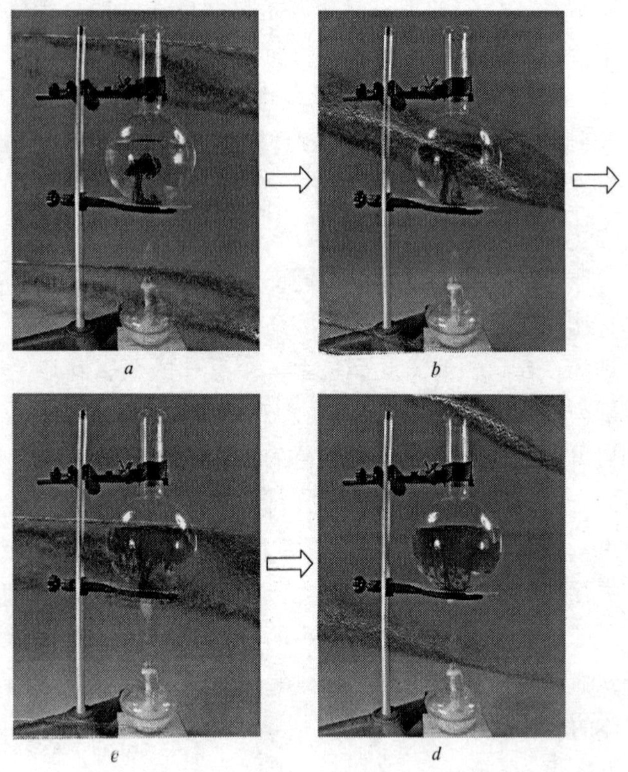

图 4 - 26

上空（不要靠近火焰，避免燃烧），此时由于对流作用使风轮发生旋转，如图 4 - 28 所示。

通过以上 3 个实验说明：对流是热传递的一种方式。温度高的液体或气体，因密度变小而上升，临近的温度较低的液体或气体对流过来补充，造成液体或气体的对流作用。

C　呈现热辐射的实验方案

用到的材料：60W 白炽灯及灯座，温度计（0～100℃），教科书或小木板，自制的液体温度计两个，蜡烛，纸杯，文具小刀，毛笔与墨汁，白纸和黑纸，胶带等。

a

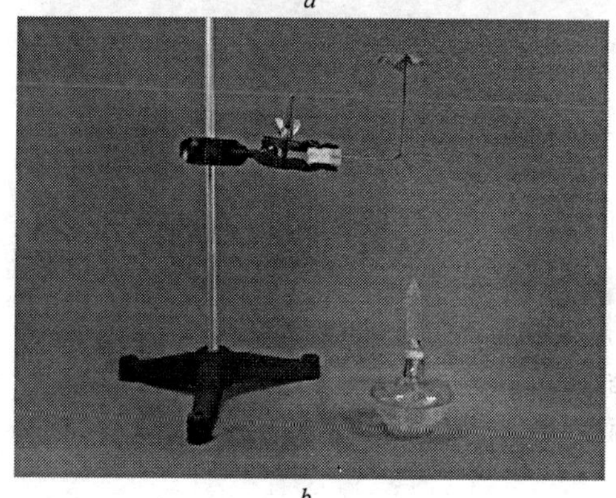
b

图 4－27

方案 1：观察热辐射现象

先观察一下室温下温度计的读数（图 4－29*a* 所示）；将白炽灯通电发光，手持温度计将其液泡放到白炽灯侧面不远处，观察温度计读数变化，如图 4－29*b* 所示，此时温度计读数开始上升；现象说明，由于空气受热后上升，空气对流不会对温度计的读数有影响，而空气是热的不良导体，热传导也不起作用。

将温度计放在白炽灯的正下方不远处重复上面实验过程，观察温度计读数变化，如图 4－29*c* 所示；可观察到温度计读数同样上升，由此进一步证实温度计的读数上升不是由于对流和

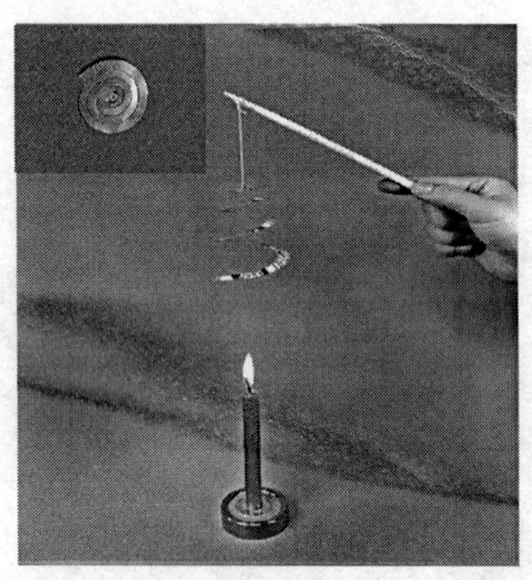

图 4－28

热传导引起的。

用教科书或小木板挡在灯泡和温度计之间，如图 4－29*d* 所示，重复上面实验，可观察到温度计读数几乎没有上升；现象表明，在上面两步实验中，热是沿直线射到温度计液泡上的。

方案 2：黑白“外罩”吸热比较

自制两个液体温度计，取两个纸杯，如图 4－30*a* 所示；用文具小刀将两个纸杯的底部刻出一个大孔，将其中一个纸杯完全涂黑，如图 4－30*b* 所示；将黑白两个纸杯分别套在两个液体温度计上（相当于给两个温度计穿上黑白外罩）并调节液柱等高，将蜡烛放在两个液体温度计中间，如图 4－30*c* 所示；点燃蜡烛，数分钟后，可观察到带“黑外罩”的液体温度计液柱上升，如图4－30*d* 所示。由此说明：涂黑的纸杯比白色的纸杯吸收热的速度快，黑纸杯吸热后温度升高，导致其内部的液体温度计液柱上升。

方案 3：体感热辐射吸收

将略比手掌大的白纸和黑纸用胶带粘上纸环，使其分别贴在两只手掌上。将点燃的蜡烛或点亮的白炽灯置于两手掌之间，

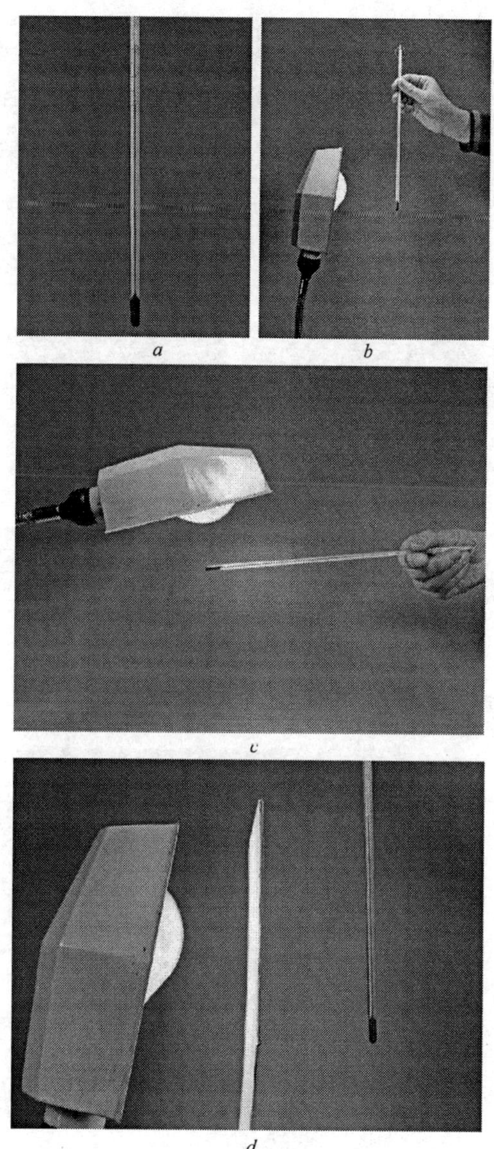

图4－29

a b c d

图 4 - 30

如图 4 - 31 所示。片刻，贴黑纸的手掌会先感觉到变热。

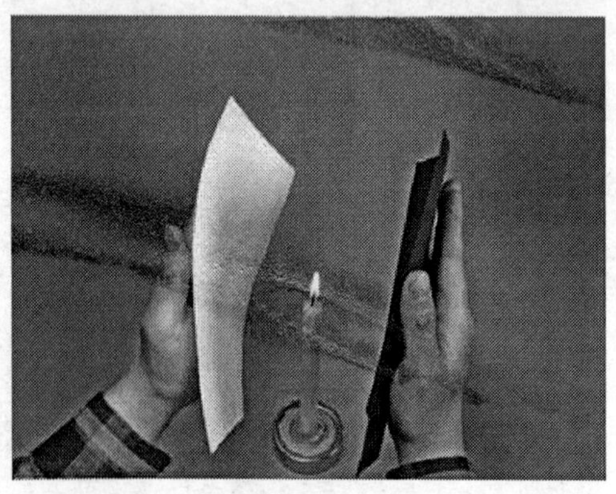

图 4 - 31

以上 3 个实验现象说明：辐射也是热传递的一种方式。热辐射是以直线方向进行的；吸收辐射热的本领与物体表面的颜色有关，颜色越深，吸收辐射热越多，颜色越浅，吸收热就越少。

分析：上述介绍的关于“热的传播”教学主题的3组实验、9个方案，是围绕“传导”、“对流”和“辐射”三种传播方式进行设计的。其中图4－23、图4－27、图4－28、图4－30所示实验属于自制器具型“非常规”物理实验，图4－25、图4－26、图4－29所示实验属于自组物件型“非常规”物理实验，图4－24、图4－31所示实验属于“体感”型“非常规”物理实验，总体上体现了“目的性”、“熟悉性”、“简易性”、“参与性”与“关联性”设计原则。

从“目的性原则”看，“热的传播”教学主题的教学目的不仅仅是认知方面的，还要通过“非常规”物理实验情境的创设，使学生认识到“热的传播”方式与日常生活和个人经验的紧密联系，在获得知识的意义的同时，得到情感、态度与价值观的培育，受到创造性的熏陶。

实验所用到的“细棉线”、“蜡烛”、“铁丝”“细木棍”、“小鱼”、“酒精灯”、“易拉罐”、“白炽灯”、“温度计”、“教科书”“纸杯”、“白纸”和“黑纸”等都是学生熟悉的东西，在生活环境中或实验室是容易找到的，而且实验方案简单，操作也十分简便，实验器具的准备不需要太多时间。这些实验器材中的大部分可以长期保存，如图4－23、图4－27、图4－28、图4－30所示的实验器具，将来再用到时可以用更少的时间来准备。所以，以上“非常规”物理实验方案总体上体现了“熟悉性原则”与“简易性原则”。

以上介绍的实验方案中，图4－24和图4－31所示的实验方案是“体感”型“非常规”物理实验，教学中适合由学生参与体验，不适合演示观察。因此，实验涉及的材料、物品应该在课前由教师准备好或者布置学生准备好，以实现全体学生参与体验感受。其他几个实验虽然没有特别强调设计、制备实验和参与实施的主体，也没有明确实验实施的方式与场地，但由于它符合“非常规”物理实验设计的“熟悉性原则”与“简易性原则”，为体现“参与性原则”奠定了基础。因此，教师可以按照自己对教学主体目标的理解和对教学过程的整体设计，适当安排由学生参与设计制作的以及由全体或多数学生参与体验的实验教学组织形式。比如，图4－27、图4－28所示的实验方案，如果在课前安排学生准备好相关的材料与工具，那么就可以在课堂上组织学生进行现场制作；如果组织学生课前在家庭进行制作，那么课堂上就可以现场组织学生对自制的实验作品进行交流表演。这两种方式的实验教学，都会使学生参与学习活动的积极性大大增强，而且在制作或交流过程中，教师与学生、学生与学生之间的相互作用与影响就能得到充分体现，智慧、情感、态度、价值观以及学生参与社会实践的意识与能力就会在这样的互动过程中动态生成。

从“关联性原则”的角度看，应该看到上述9个实验方案所关联的内容是比较广泛的。在图4－23实验中，关联了对“蜡烛”液体的创造性利用，学生对蜡烛和细线绳是熟悉的，但“蜡线”的简易置备以及巧妙利用，对于学生来说是耳目一新的。有意义的是，“蜡线”的弯曲与“热传导”的快慢建立了联系，熟悉的情境中产生了“新知”。在图4－24所示的实验方案中，通过体验确认金属传热要比木头等非金属传热速度快，关联到厨房里的勺子等受热厨具的手柄为什么是木质的。图4－25所示实验方案关联到生命体——小活鱼，由对鱼的生命的热切关注而认识了“水”是热的不良导体。图4－26所示实验方案是对一种化学药品——高锰酸钾液体颜色的利用，虽然不需要学生了解高锰酸钾的化学性质，但至少在学生的经验中存留了化学药品可在物理实验中应用的事实；“紫红色液体”自下而上、再自上而下的运动会使学生深刻记忆“对流现象”。图4－27、图4－28所示实验方案中易拉罐的利用，在了解气体对流现象的同时，也对易拉罐材料的利用有了初步认识。图4－29所示实验方案也是在熟悉的情境中使学生产生“新知”，在知道“白炽灯”有沿直线方向传播的热辐射的同时，会知道太阳等热源也产生热辐射。而图4－30和图4－31所示的实验方案不仅与学生日常生活紧密关联，而且与学生经验紧密联系，黑白纸杯就好像把深浅两种颜色的“外衣”分别“穿”在自制的液体温度计上，加上肤觉的体验，会更加确信“吸收辐射热的本领与物体表面的颜色有关，颜色越深，吸收辐射热越多，颜色越浅，吸收热就越少”的结论，由此联系到穿衣颜色与季节的关系，即冬天适合穿深色衣服，夏天则适合穿浅色衣服。总之，每个实验方案所关联的内容都有不同，但总体上关联了学生的日常生活经验，最为重要的是关联了学生的情感需要以及对意义的获得，认识到物理学知识与生活环境世界的广泛联系。

4.3.1.2 关于“杠杆”教学主题的实验设计案例分析

“杠杆”教学主题的认知目标是：通过现象与实验，认识什么是杠杆，定量研究杠杆的平衡条件，并认识生活中常用杠杆及变形杠杆的作用。

A “认识杠杆”实验方案

用到的材料：撬棒，木箱，核桃夹子，羊角锤，带钉子的木头，镊子，硬币，指甲刀。

方案1：撬棒撬木箱盖

把撬棒的尖头（或扁头）插入大木箱盖板的缝隙中，用力下压撬棒的另一端，如图4－32*a*所示；当木箱盖板出现较大的缝隙时，再将撬棒向里插入一段，再向下压撬棒的另一端，可观察到大木箱的盖板被撬起，如图 4－32*b* 所示。用撬棒能比较省力地将运输货物的大木箱的盖板打开。由此例明确：像撬棒这样的硬棒，在力的作用下如果能绕着固定点转动，这根硬棒就称为杠杆。为了使学生能够识别下面实验中呈现的变形杠杆以及了解杠杆的作用，给出“支点”、“动力”、“阻力”、“动力臂”与“阻力臂”的定义。

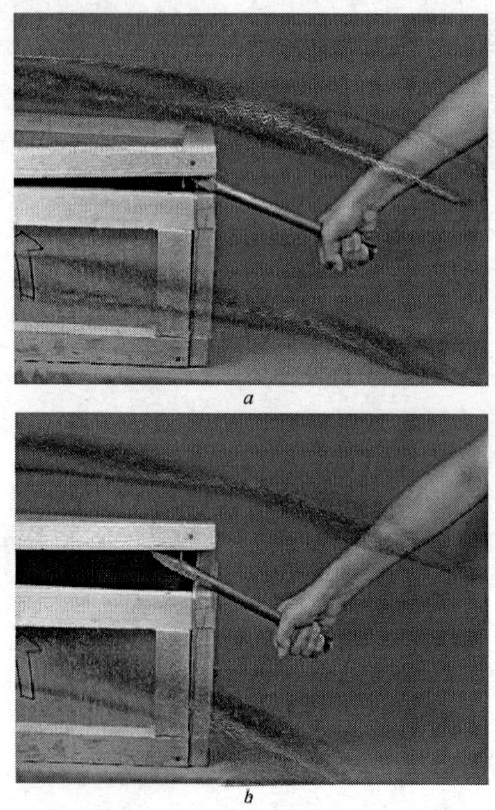

a

b

图 4－32

方案 2：核桃夹子

把一个核桃放在核桃夹子的有齿内凹处，缓慢用力握核桃夹子的手柄，观察核桃的形状变化，并判断核桃夹子的支点、动力臂与阻力臂，如图4－33所示。

方案3：镊子

镊子是医院和实验室常用的一种工具，用镊子夹起一枚硬币，如图4－34所示，观察镊子的支点、动力臂与阻力臂。

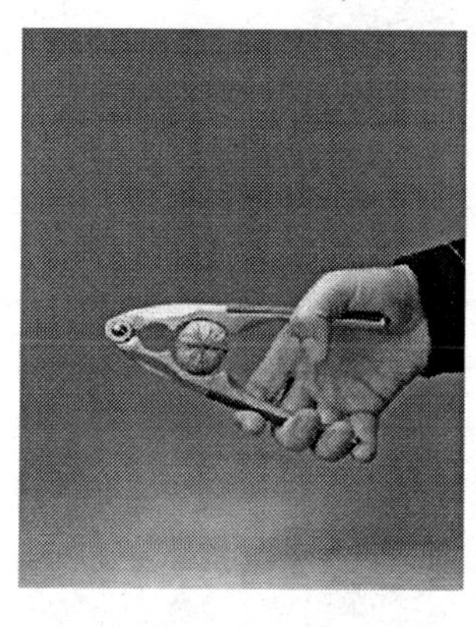

图4－33

图4－34

方案4：指甲刀

指甲刀是生活必备器具，它是一个“复合变形杠杆”，如图4－35所示。让学生事先准备一个指甲刀，观察剪指甲的过程并分析它的工作原理。

方案5：羊角锤

用羊角锤起钉子，如图4－36所示是起钉子的两个瞬间。注意观察起钉锤的支点、动力臂和阻力臂。

B “定量研究杠杆的平衡条件”实验方案

用到的材料：

杠杆，支架，砝码，等值硬币若干，直尺，铅笔，弹簧秤，吸盘挂钩，门，海绵等。

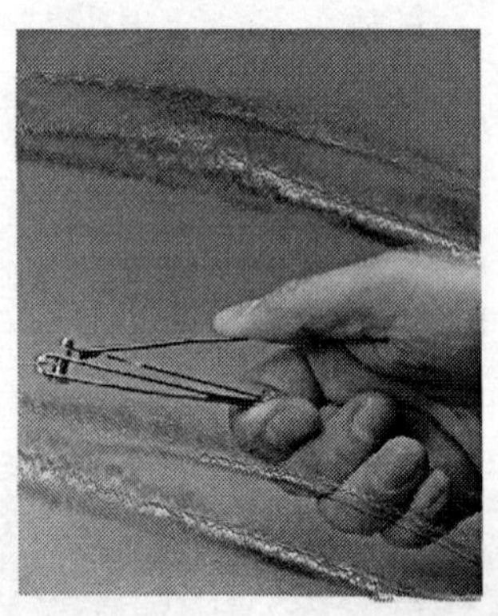

图 4 - 35

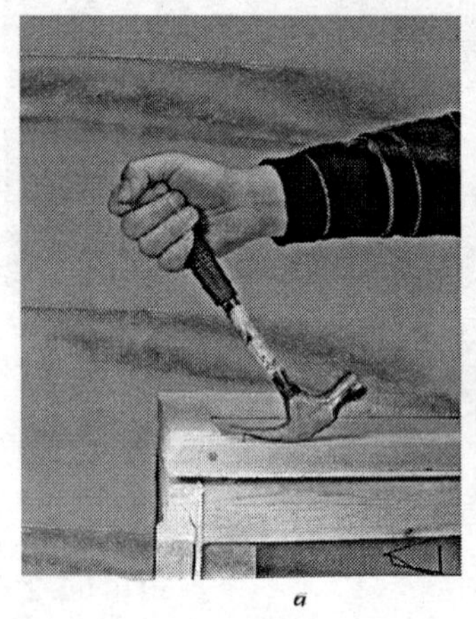

a

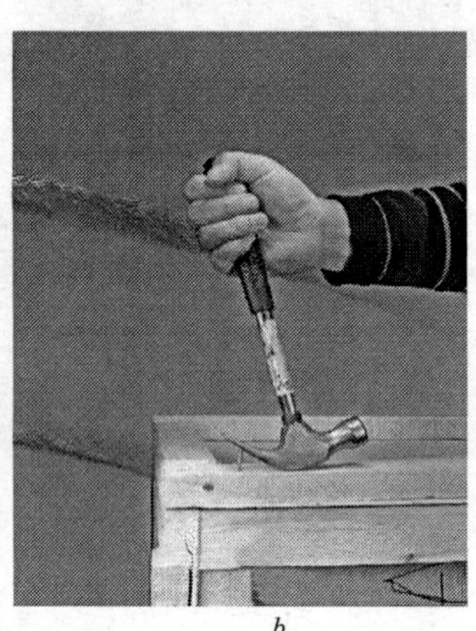

b

图 4 - 36

方案 6：学生自主探究平衡条件

组织学生利用手边的直尺、硬币以及有棱的铅笔做实验来探究杠杆原理。

具体方案：用有棱的铅笔作支点，调节直尺平衡，找到支点对应直尺的刻度值（估计出最准确的那一点作为支点位置），如图 4 - 37*a* 所示。在距离支点左侧 5cm 处放 4 枚等值硬币（圆心对准的刻度），在支点右端距离指点 10cm 处放 2 枚硬币，观察是否可以使直尺处于平衡状态，如图 4－37*b* 所示；其他平衡位置可由学生自主尝试，记录下直尺每次达到平衡时，支点左右力臂 *L* 和对应的硬币数量 *F*。

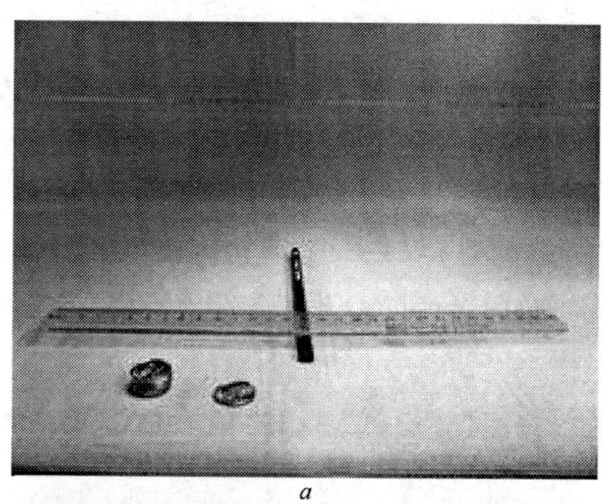

a

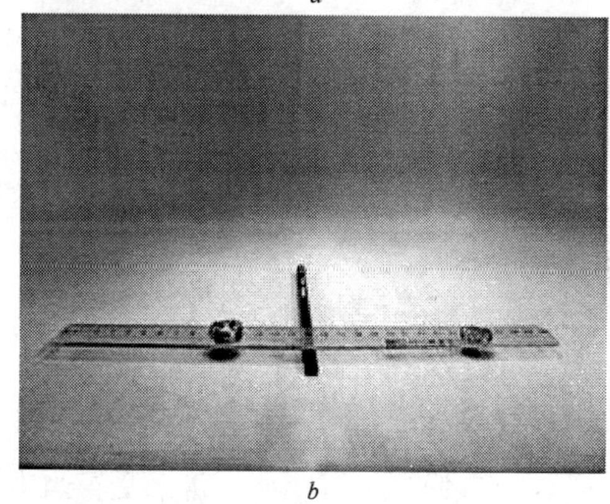

b

图 4－37

通过上面大量的实验，看看学生能否得出杠杆的平衡条件（或杠杆原理）：动力乘以动力臂等于阻力乘以阻力臂，即：$F_1L_1 = F_2L_2$。根据杠杆原理：动力臂大于阻力臂的杠杆是省力杠杆；动力臂小于阻力臂的杠杆是费力杠杆；动力臂等于阻力臂的杠杆既不省力也不费力。根据这个推论，可组织学生分析图 4－32 ~ 图 4－36 所示的“撬棍”、“核桃夹子”、“镊子”、

“指甲刀”以及“羊角锤”分别是省力杠杆还是费力杠杆。

方案7：研究力臂大小与省力的关系

可组织学生在家庭或在教室开展如下方案的实验：将海绵塞到门与地面之间、靠近门轴，以增加门转动的摩擦阻力，如图4－38*a*所示；将吸盘挂钩粘在门把手附近，用弹簧秤钩住吸盘挂钩将门拉开一定角度，看看需要多大力？如图4－38*b*所示。实验表明：在门把手处用一定的力，才能使门拉开（转动）。

将吸盘挂钩粘在距门轴40cm处的地方，如图4－38*c*所示，试着用弹簧秤施同样大的力能否将门拉动？如图4－38*d*所示。结果表明：在距门轴40cm处，用与图4－38*b*所示大小的力不能将门拉开，若使物体（门）发生转动，不仅跟力有关，同时还跟力与转轴之间的距离（力臂）有关。

再将吸盘挂钩粘在距门轴20cm处的地方，如图4－38*e*所示，试试用多大的力才能把门拉动？实验结果是：力的作用点距门轴20cm处，若要将门拉开，需要更大的力。当力与转轴之间的距离（力臂）进一步减小时，若将门拉开，就需要施加更大的力，如图4－38*f*所示。

方案8：感受力臂大小与省力的关系

利用书包，可以组织学生进行如图4－39所示的“体感”型“非常规”实验：将书包分别挂在手腕上、胳膊肘部、靠近肩部三个位置，尽力伸直手臂，让学生感受：当力的大小一定时，是不是力臂大就一定省力、力臂小就一定不省力？

分析：

上述介绍的关于“杠杆”教学主题的8个实验方案都十分简单，其中图4－32、图4－36、图4－37、图4－38所示实验属于自组物件型“非常规”物理实验，图4－33、图4－34、图4－35、图4－39所示实验属于借用器具型“非常规”物理实验，但从人体参与感知的角度看，图4－32、图4－33、图4－34、图

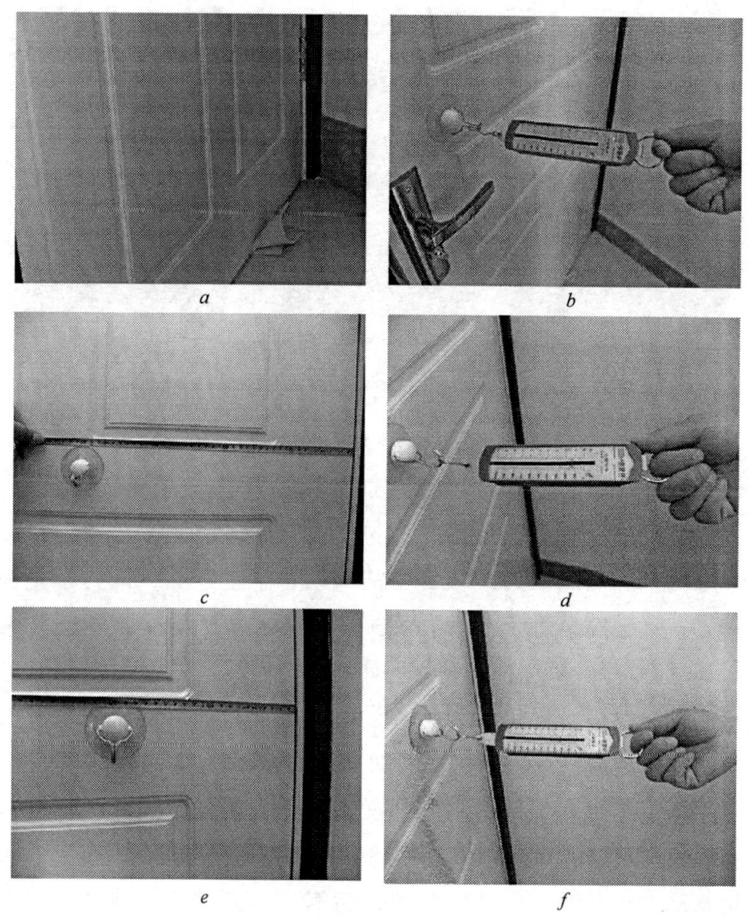
a b c d e f

图 4－38

4－35、图 4－36、图 4－39 所示实验又同时属于“体感”型“非常规”物理实验。这些实验方案总体上体现了“非常规”物理实验的“目的性”、“熟悉性”、“简易性”、“参与性”与“关联性”设计原则。

“杠杆”教学内容与学生生活以及学生的日常感知经验联系紧密，因此，结合其认知方面的教学目的，应该通过“非常规”

手腕　　肘部　　肩部

图 4 - 39

物理实验为学生创设真实的学习情境。以往的教材中以“人用撬棒撬石头”、“跷跷板”与“抽水机的柄”等插图为例，引出“杠杆定义”，虽然不能说这些例子不真实，但仅仅“口述”配合图示，想当然认为是结合生活或结合学生经验、认为学生都熟悉，这显然是过于主观。其实在城市长大的学生根本就没有见过“撬棒”和“抽水机”，即使是农村长大的学生也未必见过它们。所以，仅仅认为用“说”的方法就能够使教学主题与学生经验建立联系是不可靠。图 4 - 32 所示的实验方案是把一个真实的、学生熟悉的木箱拿到教室，学生所关注的是教师要做什么，这时，教师可以叙述问题：“大家看到的这个木箱是运输货物用的包装箱，到达目的地之后需要打开箱盖。请同学们想一想，用什么工具可以轻而易举地打开它呢?”对于这个用“实物”营造的真实问题才会引发学生参与学习活动的主动性与积极性。经过一番讨论之后教师呈现“撬棒”并演示撬开箱盖的过程，然后对这个撬棒以及具有类似作用的硬棒赋予“杠杆”的定义，进而使学生认识到，不是所有的硬棒都是杠杆，也不是所有的杠杆都是“直”硬棒。图 4 - 33 到图 4 - 36 所示的 4 种器具及其作用的展示，进一步可以拓展学生对“杠杆”的认识，杠杆的“杆”可以是“直”的，也可以是其他形状的，而且“支点”的位置是可以变化的，这样就为后面学习“滑轮”、“轮轴”等简单机械埋下“伏笔”。

而图4－37所示的自组物件型“非常规”物理实验方案，是为学生自主探究“杠杆的平衡条件”创设的学习工具。由于材料容易获得，因此在课堂实施实践探究十分方便；尽管实验器材比较粗糙，形成的却是一个简单又复杂的探索学习情境。因为它不像厂制常规实验器材那样容易精确调整，学生找“支点”和“平衡点”的过程将会不断遇到小小的挫折或出现失误，需要耐心、细心和技巧，并非轻而易举。我们应该把这个过程视为渗透情感培养的认知过程，而不能简单把它看成是“浪费时间”的、随手摆弄东西的行为；我们更应该看到这是引发学生内隐学习、获得缄默知识的过程，学生在无意识之中就可能掌握杠杆平衡的“规则”，这就需要教师适时地组织学生表述自己获得的结论，或再利用厂制常规器材进行定量验证，使学生的缄默知识变成“明确知识”，获得公式 $F_1L_1 = F_2L_2$ 的意义建构，同时搞清楚“省力杠杆”、“费力杠杆”与“既不省力也不费力杠杆”三种应用情况。

图4－38所示的场景是为学生在家庭自主研究“杠杆”定点转动何时省力、何时费力而设计的实验方案，以强化知识与生活的联系。与该实验结论相对应，图4－39所示实验是利用人体“肌觉”感受当力一定的情况下，并不是“力臂”大就一定省力，强化学生分清动力臂和阻力臂。

4.3.1.3 关于“摩擦力”教学主题的实验设计案例分析

“摩擦力”教学主题的认知目标是：通过实验，认识摩擦力的种类，建立正确的摩擦力的概念；定量研究静摩擦的规律以及最大静摩擦力与哪些因素有关；定量研究滑动摩擦的规律；知道生活与生产中增大或减小摩擦的方法等。

“摩擦力”实验方案

用到的材料：

自行车，教科书，与教科书大小相同的硬纸片，细线，橡皮筋，大头针，两支横截面为圆形的铅笔，木条，弹簧秤，泡沫塑料条，双面胶，木块，砂纸，长木板等。

方案1：体验摩擦力的种类

将自行车锁上或用双手握紧前后轮的手闸使车轮不能转动。用一定的力向前推自行车，自行车没有滑动，此时推车者感觉到的阻力就是静摩擦力，如图4－40*a*所示；继续用力推，使自行车刚开始运动时感觉到的阻力的大小就是“最大静摩擦力”。自行车车轮不转，使自行车能够做匀速滑动，此时推车者感觉到的力就是滑动摩擦力，如图4－40*b*所示；将车锁打开或松开手闸，车轮可以转动，用较小的力就可以推动自行车，此时推车者感觉到的力就是滚动摩擦力，如图4－40*c*所示。

方案2：定性研究三种摩擦力

在硬纸片前端靠近两侧等间距穿两个小孔，用细线穿过两孔系牢，再把橡皮筋的一端系在细线的中间位置；将大头针钉进木条的一端，将剩余部分弯成一个小钩；在木条上画上等间距刻度；把硬纸片放在桌面上，再将教科书放在硬纸片上（硬纸片受力可看成教科书受力）；用木条上的小钩挂上橡皮筋，手持木条拉直橡皮筋，此时在木条与教科书边缘对齐的地方作一个红色标记，如图4－41*a*所示。

缓慢用力拉纸板，在开始运动之前，观察橡皮筋伸长的长度；如图4－41*b*所示，橡皮筋伸长一定的长度，但教科书并没有运动。教科书虽然受到一定的拉力，存在运动的趋势，但没有运动，说明教科书与桌面之间发生了摩擦，同时受到一个阻碍它运动的力，这个力称作静摩擦力。继续缓慢用力拉，当教科书刚刚开始运动时，弹簧伸长的长度最大，此时显示的静摩

a

b

c

图4-40

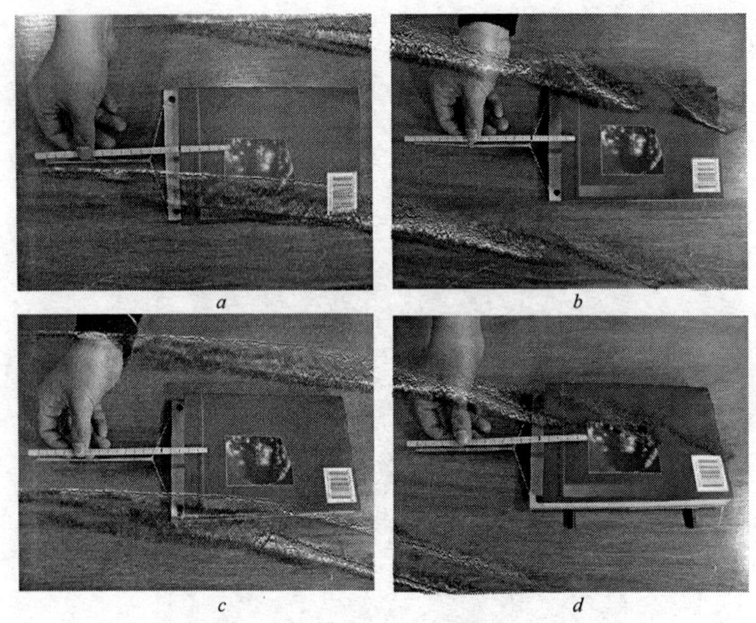

a b c d

图 4 - 41

擦力就是“最大静摩擦力”。

拉动教科书并控制其做匀速运动，观察橡皮筋伸长的长度；如图 4 - 41*c* 所示，教科书需要在一个恒定拉力作用下才能相对桌面做匀速运动，说明教科书受到桌面阻碍它运动的力，这个力称为滑动摩擦力。

将两根铅笔横放在教科书下面充当轮子，手持木条通过橡皮筋拉动教科书做匀速运动，观察橡皮筋伸长的长度；如图 4 - 41*d* 所示，橡皮筋的伸长量明显减小。带上“轮子”的教科书做匀速运动时同样需要一个拉力的作用，说明“轮子”滚动时也要受到一个阻碍其滚动的力，这个力称作滚动摩擦力。不过滚动摩擦力要比滑动摩擦力小很多。

方案 3：研究静摩擦力的规律

裁制一个泡沫塑料条，将其粘在弹簧秤弹簧的下端，以克服弹簧向下弯曲；将两个相同规格的木块叠放，将弹簧秤挂钩钩住下面木块的铁环；在拉动木块之前，先调节弹簧秤的零点。手持弹簧秤缓慢向右拉动木块，在木块运动之前，观察弹簧秤读数变化；继续缓慢向右移动弹簧秤，记下刚好使木块开始运动时弹簧秤的读数，如图 4－42*a* 所示。弹簧秤显示木块受到一个拉力，但没有运动；当继续加大拉力使木块刚刚开始运动时，弹簧秤读数最大。木块在运动之前所受拉力的大小，就等于此时木块受到的静摩擦力的大小；使木块开始运动的瞬间弹簧秤的读数，是木块受到的最大静摩擦力。

再增加两个同样的木块，相当于木块质量增加一倍，重复实验，观察弹簧秤读数变化。实验显示，木块运动之前，弹簧秤仍然显示木块受到一个拉力；当继续加大拉力使木块刚刚开始运动时，弹簧秤读数最大，如图 4－42*b* 所示。由于木块的质量加大，对桌面的压力变大，所以木块受到的最大静摩擦力比图 4－42*a* 所示的最大静摩擦力要大。

还是使用两个木块，在木块下面放一块砂纸，增加了平面的粗糙程度，重复实验，可观察到，木块运动之前，弹簧秤还是显示木块受到一个拉力；当继续加大拉力使木块刚刚开始运动时，弹簧秤读数仍然最大，如图 4－42*c* 所示。由于桌面变得粗糙，所以木块受到的最大静摩擦力也比图 4－42*a* 所示的最大静摩擦力要大。

综合上述实验，得出的结论是：静摩擦力随着拉力的增大而增大，它的极限值是最大静摩擦力，其变化范围是：$0 < F_{静} \leqslant F_{max}$。当物体对接触面的正压力增加时，仍然遵循这个规律，但 F_{max} 随物体对接触面正压力的增大而增大，而且与接触面的材料和粗糙程度有关。静摩擦力总是阻碍物体的运动趋势；它的方向总是与物体发生相对运动趋势方向相反。

方案 4：研究滑动摩擦力的规律

a

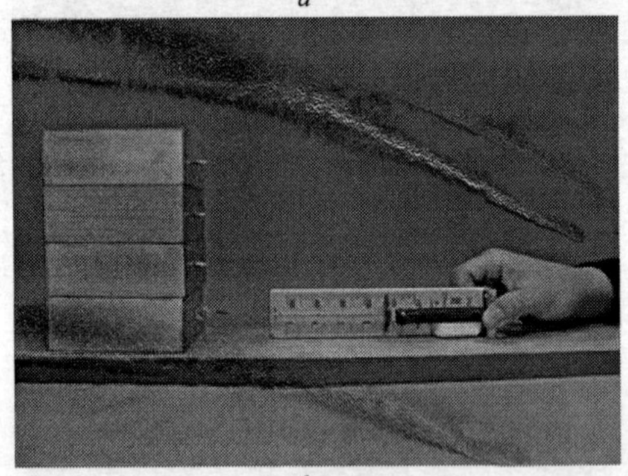

b

c

图 4－42

研究滑动摩擦力的实验装置与方案3相同，这里不再重复叙述。通过实验可得出的实验结论是：滑动摩擦力$F_{滑}$的大小与接触面相互之间的正压力F_N成正比，还与接触面的粗糙程度和材料有关。表达式为$F_{滑}=\mu F_N$。

分析：

摩擦力与人们日常生活与生产的关系十分密切，因此，关于摩擦力主题的教学就应该与学生的生活经验进行广泛关联，使学生获得摩擦对个人、对生活的意义；同时，通过相关的实验活动，使学生在初中对摩擦力初步认识的基础上，进一步认识摩擦力的种类以及各类摩擦的规律，由经验认识上升为理论认识。

图4－40所示的“非常规”物理实验方案是借用生活器具——自行车的体感实验，可在室外实施，也可在课堂上进行。根据“摩擦力”教学主题的内容需要，即适合在初中实施，也适合在高中实施，因为无论是初中生还是高中生，他们都具有推、骑自行车的生活经验，即使他们不知道有“静摩擦力”、“滑动摩擦力”以及“滚动摩擦力”的概念，凭借自己的生活经验和体验依然知道“如果自行车轮子不转动，推起来是十分费力的，而且无法骑走”。利用自行车做实验，目的在于通过控制条件再现学生经验中阻碍自行车运动的真实情境，使学生对摩擦力的经验认识向科学认识转化。该实验方案对于初中生认识摩擦力的种类是简便易行的、符合学生认知特点和兴趣特点；对于高中生来说，可进一步通过改变条件来探究滑动摩擦力与静摩擦力的规律。比如定性研究滑动摩擦力，根据实施场地的便利情况，可以分别在瓷砖地面、木质地面、水泥地面以及地毯或冰面上试推，感受滑动摩擦力与接触面的材料与粗糙程度的关系；针对某一种地面，可以比较推“空车”与推“负载车”（如车上坐一个人）对滑动摩擦力大小的影响，判断滑动摩

擦力大小与接触面相互作用的正压力具有什么样的比例关系，同时研究滑动摩擦力的方向等问题。而那些只靠语言唤醒学生对经验的回忆而不顾学生的实际体验和当前经验的获得，草率地给出 $F_{滑}=\mu F_N$ 关系式的做法，一定意义上是违背学生认知规律，或者说“与脑对抗”的教学。虽然摩擦力的概念是抽象的，但摩擦力的现象是具体的、可以感知到的，而脱离现象、事实与体验的“空对空”教学方法，是人为将其“抽象化”，进而导致学生难以理解。

上述图 4-40 所示的“非常规”物理实验更适合在“摩擦力”教学主题进行之前，以小组合作的形式让学生在课外进行自主探究，然后在课堂上组织学生进行成果汇报交流。如果认为这个实验方案的实施过程中没有教师的监控，那么还可以进行如图 4-41 所示的实验方案。该实验方案是为在课堂上开展摩擦力规律的探究性学习活动而设计的，同图 4-40 所示实验方案一样，这个实验同时适合初中与高中“摩擦力”主题教学，需要事先让学生准备好如图 4-41 所示物品。该实验方案对于初中的摩擦力教学，可以很方便地使学生认识三种摩擦力的现象，而针对高中的摩擦力教学，可用相同的教科书来增加物体对接触面的正压力，通过“桌布”等材料改变接触面粗糙程度来研究滑动摩擦力的规律。

方案 3 和方案 4 是利用实验室器材进行的定量研究“静摩擦力”与“滑动摩擦力”规律的实验方案，其中利用一小块泡沫塑料粘在弹簧秤弹簧的下端，保持弹簧秤的弹簧处于水平状态，为减小实验误差、简化实验结构提供了一个实验技巧。其实，如果把这个实验中的弹簧秤用到方案 2 中，其他器材都可以不用，而且实验效果并不会降低。这里介绍实验方案 3 与实验方案 4 和图 4-42 中的实验器材，目的在于说明，实验室拥有的厂制实验器材并不一定是必需的，过分依赖它们就会导致教学个性或特色的缺失，而认为没有它们就难以开展实验教学的思想，是一种无所作为的思想。利用如图4－42所示的器材做实验，所呈现的只是物理现象，比较枯燥乏味，与学生的日常生活存在距离，尤其是缺乏教师智慧、素养等方面的因素对学生的作用与影响。从这个意义上来看实验教学，“非常规”物理实验与常规物理实验有机结合、共同构成中学物理教学的基础，才能使物理教学和谐发展。

4.3.2 针对具体实物的“非常规”物理实验设计案例研究

从生活环境中某具体实物出发来设计“非常规”物理实验方案，总的说来是从物理教学的视角审视潜在资源的价值，进而开发其实验用途的创造活动。它一方面体现教师的智慧与素养，另一方面是结合物理教学开展创新教育的有效途径。下面的案例介绍与分析，是针对环境容易获得的饮料瓶、易拉罐等实物进行的“非常规”实验方案设计，这些仅仅是众多案例中的一些典型实验方案，不可能把这些实物的各种实验用途逐一列举。根据饮料瓶、易拉罐等实物的某些物理特性，介绍几种“非常规”物理实验开发设计的典型方案，目的在于唤起教师与学生的创造力，因为广大物理教师与学生的智慧是无穷的。

4.3.2.1 关于“塑料饮料瓶”的实验方案设计案例分析

饮料瓶是盛装液体的一种容器，上端呈圆锥漏斗形，其余部分呈圆柱形，可用塑料瓶盖密封，能够承受一定的压强，透明或半透明，质地柔软，容易裁剪，遇热变形，相同的饮料瓶具有相同的物理属性，导电性差，绝缘性好等等。

方案1：充当等量重物

根据相同规格饮料瓶具有相同性质的物理特性，那么若干饮料瓶装满水之后的重量也是相同的。利用饮料瓶“等重量”特性的实验案例是给4根琴弦以相同的拉力。为了使学生通过实验了解“音调”的决定因素，将 4 根琴弦固定在纸盒的顶端，另一端与饮料瓶的瓶盖固定，将 4 个饮料瓶装满水，这样就使得 4 根琴弦受到的拉力是一样的，如图 4－43a 所示；将两只铅笔当“琴马”分别支在琴弦的上端和下端，将纸盒平放在桌子旁边；分别拨动每根琴弦，可观察到 4 根琴弦发出的声音不同，最细的琴弦音调最高，最粗的琴弦音调最低。说明最细的琴弦振动频率最大，所以音调最高；最粗的琴弦振动频率最小，所以音调最低。

a

b

图 4－43

“琴马”的位置不变，将另一个装满水的饮料瓶加挂在某一根琴弦上，这样使得这根琴弦所受拉力增加一倍；拨动这根琴弦，比较一下加挂饮料瓶前后声音的变化，如图 4－43b 所示；可观察到琴弦绷得越紧，音调越高；琴弦绷得越松，音调越低。说明琴弦绷得越紧，振动频率越大，音调越高；琴弦绷得越松，振动频率越小，音调越低。

方案 2：空气振动发声

既然相同规格的饮料瓶具有相同的物理特性，那么装入不同量的水之后，剩下的空气柱高度就出现差别。找 7 个相同规格的小饮料瓶（或矿泉水瓶），分别往瓶里装入不同量的水，使水量依次增多，用嘴唇斜对着瓶口轻轻吹气，瓶子便可发出不同音调的声音。如果仔细调节水量，使7个瓶子分别吹出“Do、Re、Mi、Fa、So、La、Si”，就可以吹奏音乐了，如图4-44所示。现象表明：吹瓶口时会引起瓶中空气柱的振动，因为7个饮料瓶中的空气柱高度不同，所以发出声音的音调出现差别。

图4-44

方案3：浮沉子实验

饮料瓶在拧紧瓶盖之后具有很好的密封性，利用这一特性可以自制一个“浮沉子”实验装置。具体做法是：找一个饮料瓶和一个小药瓶。将饮料瓶装入水近满，将小药瓶装入少量水，头朝下放到饮料瓶的水里，调整小药瓶里的水量，使其恰好能够漂浮在水面上为准；将饮料瓶的盖拧紧后，浮沉子就制成了，如图4-45a所示。实验时用手挤压饮料瓶，小药瓶就下沉；松手，小药瓶就上浮，如图4-45b所示。该实验可说明物体的“浮沉条件”，当挤压饮料瓶时，液体压强增大，这时水进入小药瓶的量增加，小药瓶内空气柱变小，所受浮力小于重量，所以下沉；反之，当松开手之后，液体压强又减小，这时水进入小药瓶的量减少，小药瓶内空气柱开始变大，所受浮力大于重量，所以又开始上浮。

a

b

图 4 – 45

方案 4：研究液体压强与深度的关系

由于饮料瓶质地为塑料，用烧热的钉尖很容易烫一个小孔。根据饮料瓶这一特性，可设计一个反映液体压强随深度变化的实验方案：在一个大饮料瓶底端烫一个小孔，用一条胶带贴住。将瓶中装满水，放到载物台上；在小孔正对的下方，放一个浅盘。当快速扯去胶带时，水立刻从每个小孔喷出来。液面最高时，从小孔喷出的水流最急，喷射的距离最远；随着液面降低，从小孔喷出的水流变缓，喷射的距离变近；当液面降低到接近小孔时，水流喷射距离最近，如图 4 – 46 所示。由此可说明：水越深，压强越大。

方案 5：研究液体对容器的底部及侧壁的压强

根据饮料瓶易于裁剪的特性，将矿泉水瓶的瓶底剪掉，用气球的胶膜包住、绷紧，用细线绑住，如图 4 – 47*a* 所示；将瓶中灌满水，可观察到瓶底的胶膜明显向下凸出，如图 4 – 47*b* 所示。实验现象表明：液体对容器底有压强。

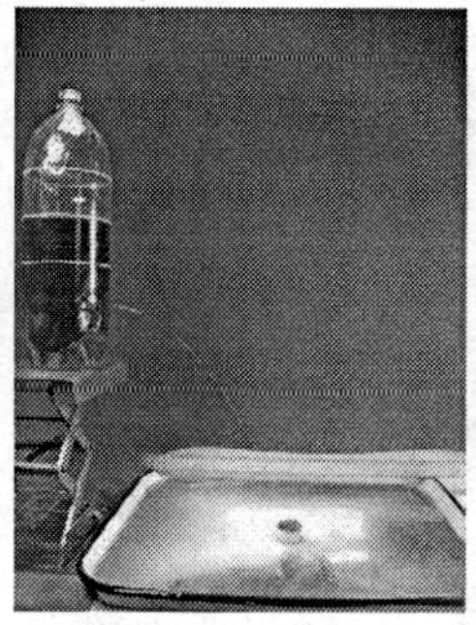

图 4 - 46

a

b

图 4 - 47

用烧热的电烙铁将饮料瓶下端侧壁烫一个大方孔，在方孔周边涂上万能胶水，将气球胶膜平绷在大孔上，再用胶布将其粘牢（不能漏水）；将饮料瓶灌满水，可观察到饮料瓶侧壁胶膜向外凸出，如图 4 - 48*a* 所示。在橡胶塞上打孔，插入玻璃管，再将带玻璃管的胶塞塞进瓶口，灌水至玻璃管上半段，再观察饮料瓶侧壁胶膜的变化；这时，由于液面升高，胶面向外凸出更加明显，如图 4 - 48*b* 所示。实验现象表明：液体对容器侧壁有压强；距离液面越深，液体对容器壁侧壁压强越大。

方案 6：验证阿基米得原理

根据饮料瓶容易裁剪的特性，与其他材料配合可以进行阿基米得原理实验。具体做法：用大饮料瓶、玻璃管以及橡胶塞

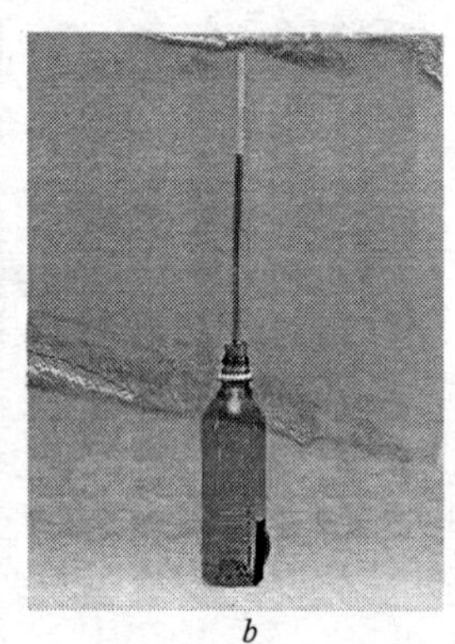

a *b*

图 4-48

自制一个溢水杯，用铁丝做一个简易支架，如图 4-49*a* 所示。选用一个小塑料袋（重量可忽略），用纸杯剪制一个支撑塑料袋的小桶；用细线在石块中间位置捆好，引出一段线头用于往弹簧秤挂钩上挂。

将自制的溢水杯溢水口下放置一个小烧杯，给溢水杯装水直至溢水为止，然后将小烧杯换成由纸杯支撑的小塑料袋；将石块挂在弹簧秤上，观察此时读数，如图 4-49*b* 所示。

再将石块缓慢浸没于水中，可观察到弹簧秤的读数减小，同时石块排开的水全部流入小塑料袋里，如图 4-49*c* 所示。石块受到水对它竖直向上的浮力作用，使得弹簧秤读数减小。小塑料袋里水的体积等于石块的体积。

由于石块排开的同体积的水全部流到小塑料袋中，将盛有水的小塑料袋挂在弹簧秤上，因此可观察到弹簧秤的读数大约等于弹簧秤分别在空气和水中测量石块重力读数的差值，如图 4-49*d*所示。表明：石块排开的相同体积的水受到的重力，就等于水对石块竖直向上的浮力的大小。

方案 7："幻杯"实验

将罐头盒的底部钻一个大孔，选一个粗细适中的橡胶塞并

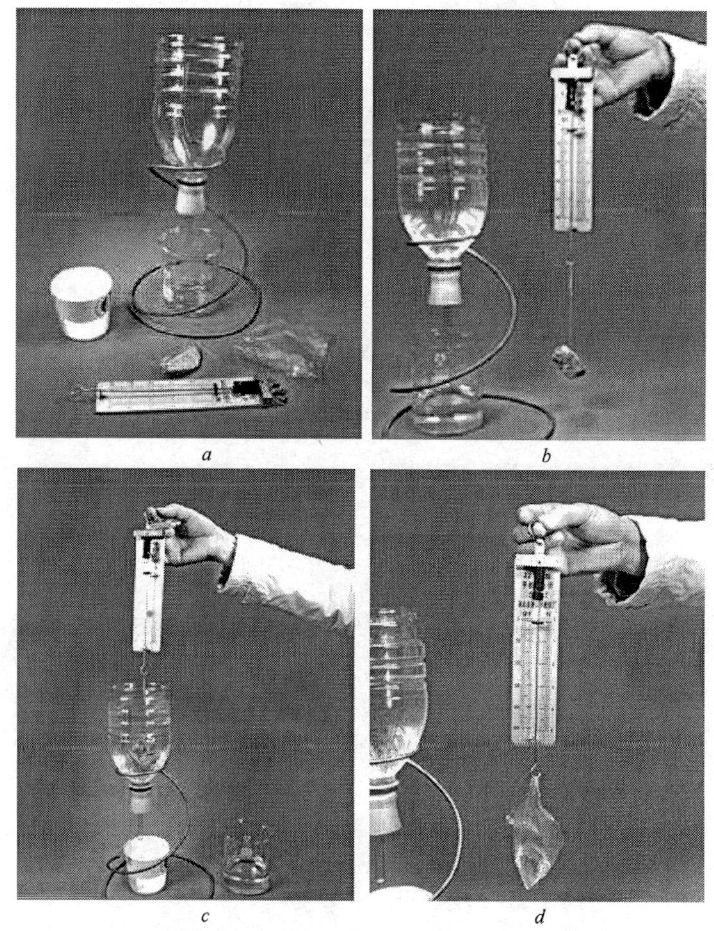

图 4-49

在它的中心钻孔，将细塑料管加热弯曲成倒 U 形，如图 4-50 所示。然后按照图 4-51*a* 所示结构组装，这样，一个“幻杯”就制成了。演示前将盒内灌水至 *A* 点，此时水没有流出。

实验时，往“幻杯”中稍稍加一些水，如图 4-51*b* 所示；当水面超过 *A* 点后，盒内的水将全部流出，其流出过程如图4-51。

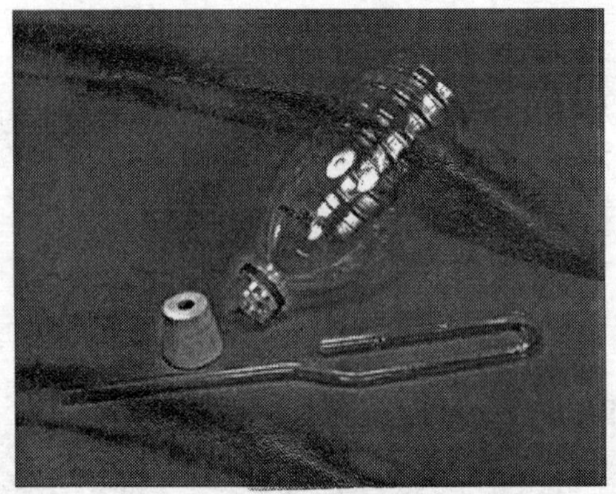

图 4－50

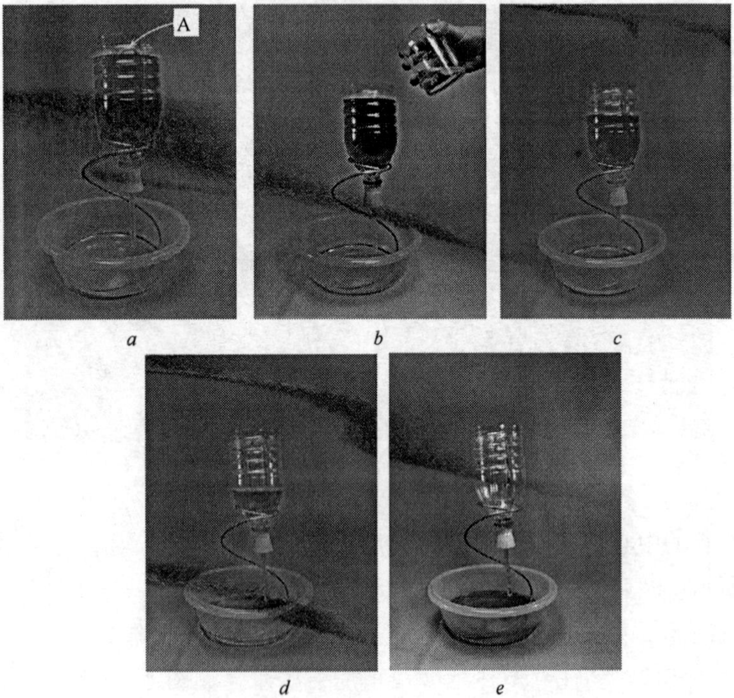

A

a　*b*　*c*

d　*e*

图 4－51

该实验非常有魔力，可用于游艺表演。不过用于表演的“幻杯”最好用不透明的材料制作，或将透明“幻杯”外面包一层不透明材料，表演后让观察者猜测内部结构和原理。

方案8：制作液压计

利用饮料瓶的密封性与上端呈漏斗形，可以制作一个液压计探测头，进而可制作一个液压计。具体做法：选取一根U形玻璃管，固定在泡沫板上；裁下饮料瓶上端漏斗形一段，拧紧瓶盖，在其小口侧壁用电烙铁烫一个圆孔，插入带玻璃管的橡胶塞；用气球的胶膜包住其大口，用细线扎紧；用较长的胶管与U形管和三通管连接；在U形管中灌入红色水至中间位置。这样，一个简易的“水压计”就制成了，如图4-52*a*所示。

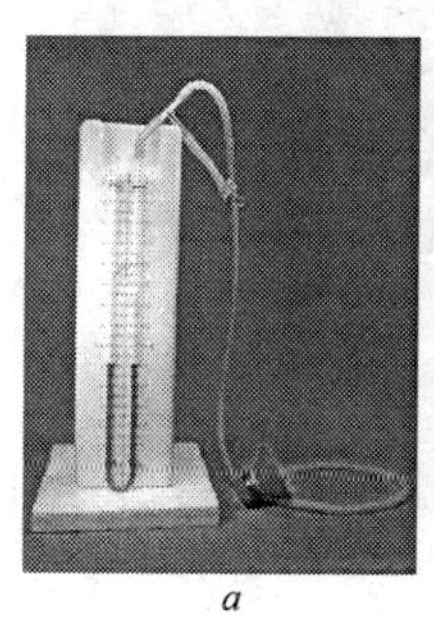
a

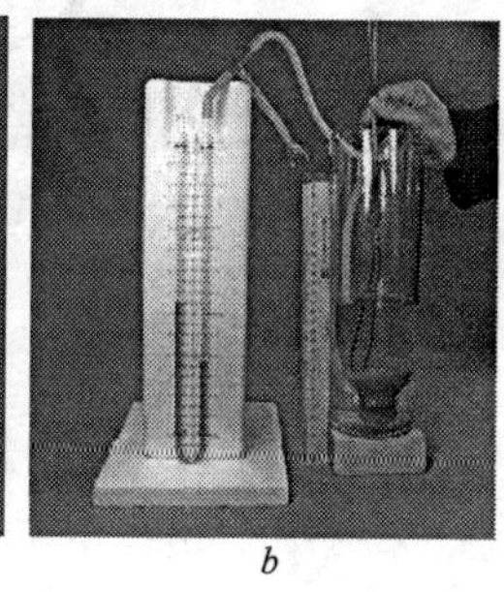
b

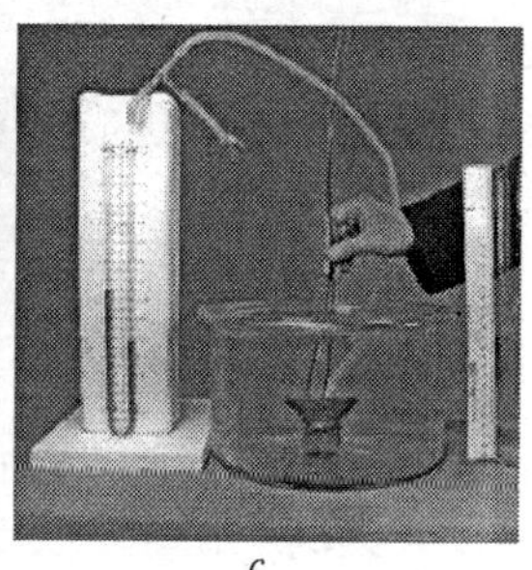
c

图4-52

用这个自制的液压计可以进行证明“液体内部压强随深度增加而增加”等一系列实验。如图4-52*b*以及图4-52*c*所示的实验场景，是液压计探测头分别在大小水槽中相同深度显示的压强值，实验表明二者压强相等。

方案9：静电“喷泉”

还是根据饮料瓶的密封性以及质地柔软特性，制作一个水流喷射装置，演示细水流被静电感应之后发生的有趣现象。具体做法是：找一个矿泉水瓶，用水果刀尖将其瓶盖中心钻一个细孔；将瓶灌满水，拧紧盖；用毛皮摩擦橡胶棒使其带电；用手挤压水瓶使水从细孔喷出一股细流，如图 4 - 53*a* 所示，然后将带电的橡胶棒靠近细流，此时可见细水流变成美丽的喷泉，如图 4 - 53*b* 所示。这是水滴感应带电相互排斥的结果。

a

b

图 4 - 53

分析：

以上根据饮料瓶的物理特性介绍了 9 个“非常规”物理实验设计案例，在教学实践或文献中，相关的创新成果还有很多，比如利用饮料瓶设计的“马德堡半球”、“水火箭”、“凸透镜成像”、“惯性现象”、“证明大气压存在”、“演示力的作用效果与压力、受力面积的关系”、“气体流速和压强的关系”以及“分子间有引力演示”等等，这里不在赘述。通过上面的案例介绍，饮料瓶的最大特性是它容纳液体的特性，而且它的形状很容易变化和组合，这一特性可在相关的实验中加以充分利用。塑料饮料瓶是生活中非常容易获得的废旧材料，分析与把握它的各种物理特性是设计“非常规”物理实验是前提，有效联系物理教学主体是设计的关键，巧用、活用是设计的核心。

4.3.2.2 关于“易拉罐”的实验方案设计案例分析

易拉罐是生活中容易获得的废旧物品，它的物理特性是：第一，由特殊铝合金制成，质地柔软且具有弹性，具有良好的导电、导热性；第二，呈圆柱形且底面向内凹进成碗状；第三，同类易拉罐具有相同的属性，等等。根据这些特点，将易拉罐与其他材料配合，可以设计开发许多“非常规”物理实验，下面介绍其中几个设计案例说明易拉罐的应用。

方案1：演示气体遇冷收缩

根据易拉罐开口小且质地柔软的特性，可以演示气体遇冷收缩的现象。具体方案是：准备易拉罐一只，酒精灯一只，大水槽一个，水槽中注入凉水多半。实验时，将易拉罐在酒精灯上加热片刻，然后将易拉罐口向下迅速浸入水槽内的凉水中，易拉罐则立即收缩至瘪状，如图4－54所示。现象说明，易拉罐受热后内部气体膨胀，突然遇冷后，气体收缩，由于易拉罐口小，进水受阻，罐内压强远小于水中压强，故迅速被压成瘪状。

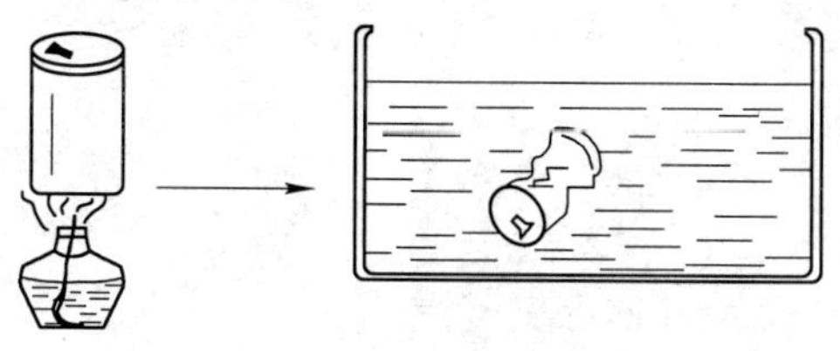

图4－54

方案2：自制简易滑轮

根据易拉罐呈圆柱形、底面向内凹进成碗状且易加工等特性，可自制滑轮。具体做法是：取易拉罐2只，废塑料油笔芯一支。用剪刀截取两个易拉罐的底部，将其边缘修整规则且无刺，如图4－55a所示；把裁剪下来的两个易拉罐的底部背靠背取齐后，用锥子在圆心处钻一个小孔，同时在圆面靠近边缘处以等间隔打3个孔，孔的粗细与油笔芯的粗细相同，如图

4-55b所示；在圆心以外的3个孔中分别插入一段油笔芯，长度以笔芯在两侧各露出2mm左右，然后用酒精灯火焰烤软笔芯的露出部分，用小刀的侧面使之压成钉帽状，待冷却后，两圆面便被铆在一起，如图4-55c所示。再把铝丝或钢丝穿入中心孔，弯曲一个滑轮架，一个简易的滑轮便制成了，如图4-55d所示。该滑轮具有轻巧、转动灵活、精致美观等特点。图4-56所示的滑轮组就是由3个自制的单滑轮构成的。由于滑轮的重量比较轻，弹簧秤的读数非常接近物体重量的1/4。

a *b* *c* *d*

图4-55

方案3：自制马德堡半球

同样根据易拉罐的底面向内凹进成碗状且易加工等特性，可自制一个马德堡半球。具体做法：取两个易拉罐，将其底部碗状部分剪下，制成两个对等的近似空心半球，在每个半球的中央钻一小孔，通过螺杆螺母向外安置一个拉手，用螺母紧固

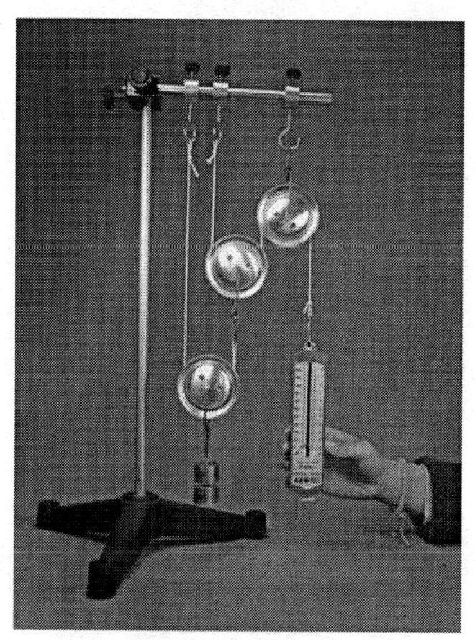

图4-56

时垫上胶皮垫圈，以防漏气。再在两半球的内面粘上一层1mm厚的圆形胶皮，圆形胶皮的半径大于半球半径10mm左右，这样，一个小巧的马德堡半球就制成了，如图4-57所示。演示时，将两个半球口对口密合在一起，用力紧压，挤出球里的空气，此时，由于大气压的作用，两半球就难以拉开了。为了防止漏气，实验前可在两个空气半球的口部适当涂抹凡士林。

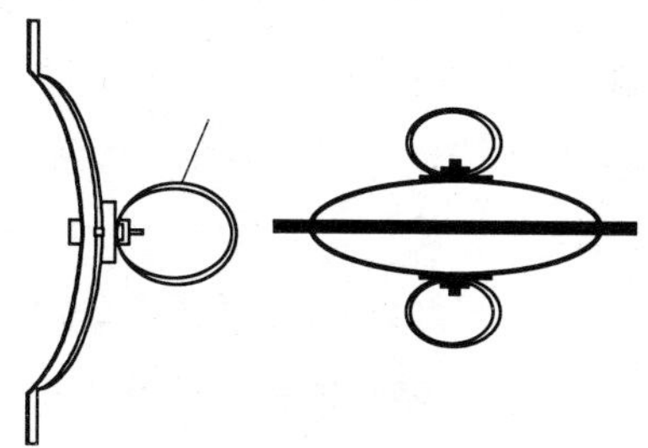

图4-57

方案4：自制楞次定律演示装置

根据易拉罐质地柔软、具有良好的导电性且容易裁剪等特点，与其他材料配合可制成一个楞次定律演示装置。具体做法：取一个易拉罐，用剪刀在筒的中部截出两个约2cm宽的圆环，将其中一个圆环剪开并截去一小段使之成为一个开环；找一块硬纸板，用刀片截出一条长约16cm、宽约1.5cm的硬纸条。将两个圆环分别用订书钉固定于硬纸条的两端即成；支架可用一带橡皮的铅笔和装有沙子的墨水瓶制作，将剪去钉帽的大头针粗端插入铅笔一头的橡皮中，钉尖向上；铅笔的另一端插入墨水瓶的沙子中，如图4－58所示。演示时，只要将演示装置的横杆（硬纸条）中点放于支架上的钉尖上即可。该装置具有圆环大、质量轻、惯性小等优点。

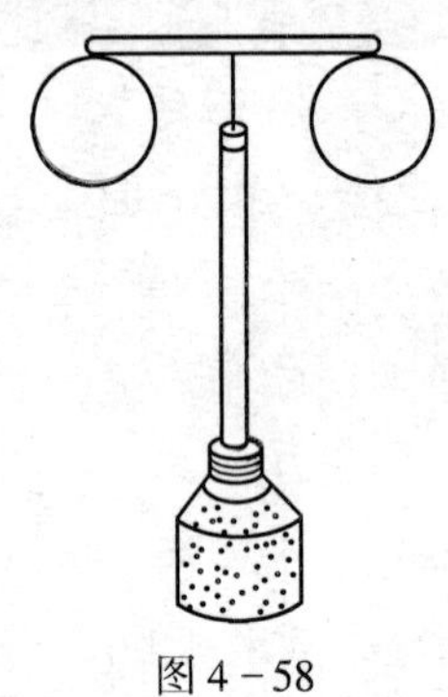

图4－58

方案5：自制法拉第圆筒

根据易拉罐的筒状结构，可制成法拉第圆筒。做法是：取一个易拉罐，将罐顶上的饮料出口稍微开大一些，能使验电球伸进罐内，就成为一个很好的法拉第圆筒。使用前需将易拉罐表面的漆层刮掉。用它可以演示电荷只分布在导体外表面、电荷在导体表面上的分布与导体表面曲率的关系。

方案6：自制单镜头简易显微镜

根据易拉罐质地柔软且具有弹性，与其他材料配合可自制一个简易的单镜头显微镜。具体做法：在酒精喷灯的炽热火焰上将细玻璃棒烧软拉丝，如图 4 - 59*a* 所示，玻璃丝拉到直径为 0.5 ~ 1mm 即可；待玻璃丝冷却后折断，取长为 5cm 左右的一小段，将这一小段玻璃丝的一头放在酒精灯火焰上烧，片刻后会看到玻璃细丝的一头开始熔化收缩成球状，如图 4 - 59*b* 所示，待其成完整球形且直径达 2mm 左右时，脱离火焰冷却，取下玻璃小球后放到一清洁处。用易拉罐铝皮剪成 2cm 宽、8 ~ 10cm 长的两个矩形片，再取同样尺寸的玻璃片一块。用锥子或电钻在两个矩形铝片的中央打孔，孔的直径略小于玻璃小球为准，如图 4 - 60*a* 所示。

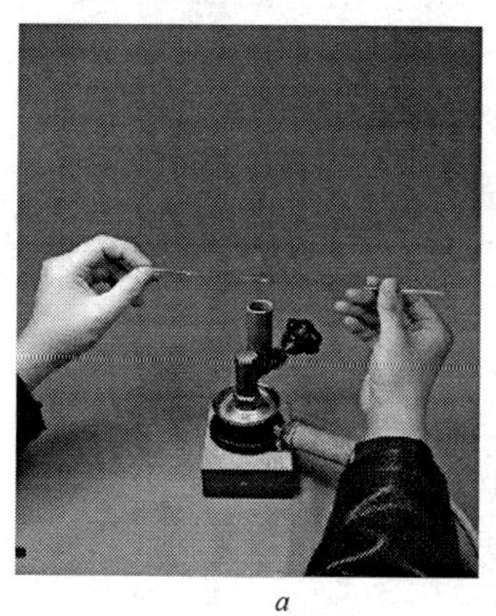
a

b

图 4 - 59

以上工作完成后开始组装，方法是：用两个矩形铝片将玻璃小球夹在中央小孔处，如图 4 - 60*b* 所示，再将两铝片紧密贴在一起，用胶带在小球两侧的铝片上缠绕几层，这样，玻璃小球就镶嵌在铝片的中央。（以上过程注意不要弄污小球。）接下来，再将镶嵌玻璃小球的铝片的两端向里 2cm 左右处，向一侧弯曲大约 60°的角，将被弯曲的铝片放在等宽的玻璃片上，一个简易的显微镜就完成了，如图 4 - 60c 所示。该显微镜的放大倍数为 80 ~ 200 倍。

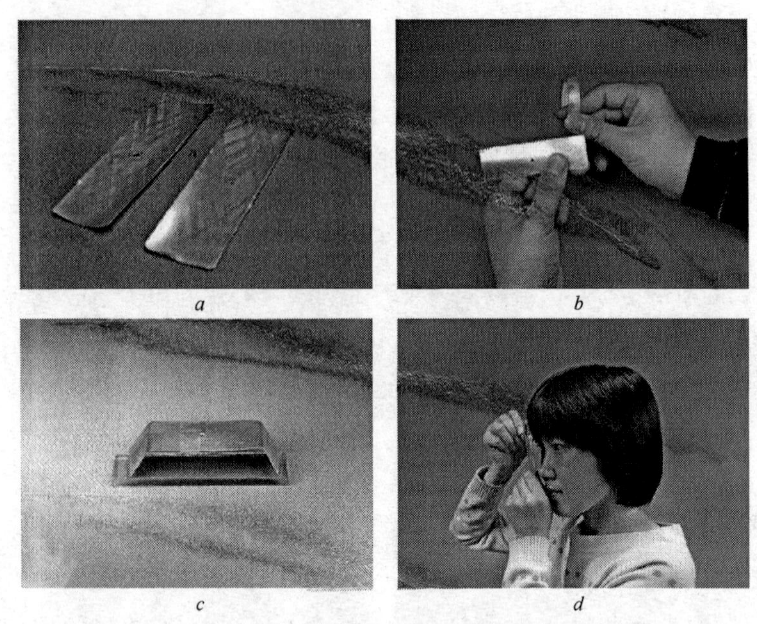

图 4 - 60

使用方法是：将一片餐巾纸平放在玻璃小球正下方的玻璃片上，找好光源，用单眼通过玻璃小球（即镜头）观察物体，双手夹持铝片及玻璃片，挤压调节“镜头”与观察物之间的距离，如图 4 - 60d，此时能清楚地观察到餐巾纸的纤维。

分析：

关于利用易拉罐设计的“非常规”物理实验还有图 4 - 27、图 4 - 28 所示的风轮，这里不再重复。总体上看，易拉罐是生活环境中容易获得的废旧材料，它提供了丰富的“金属皮”资源，根据它的物理特性可以设计许多“非常规”物理实验方案。上述介绍的 6 个实验方案仅仅是典型案例，除了方案 1 直接利用了易拉罐，其他方案都是对易拉罐进行了简单变形与加工，进一步开发设计新实验方案的空间还很大。由于易拉罐“金属皮”比较柔软，加工比较容易，不需要具备特殊工具，只要有剪刀、文具刀、锥子、砂纸等常见工具即可对它进行加工改造。所以，易拉罐成为教师与学生进行“非常规”物理实验的设计与开发、进行小制作、小发明等活动可利用的重要资源之一。

5 “非常规”物理实验器具的制作技巧

设计好的“非常规”物理实验器具方案，最终需要制作成型，这就需要掌握一定的方法和技巧，下面介绍一些常用的生活材料加工制作的方法和技巧。

5.1 金属板金属丝的加工技巧

以金属为主要材料的“非常规”物理实验器具主要取材于社会生活遗弃的边角料。利用边角料制作“非常规”物理实验器具之前都需要加工整理。下面介绍金属板、丝的几种加工技巧。

5.1.1 金属板的整平

金属板的整平应放在平直的型钢平面上，用 30mm × 40mm × 400mm 的木条轻轻敲打表面，可使金属板平整。切不可用铁锤在铁石上敲整，否则会使敲击部位变薄，越敲越不平整。

5.1.2 金属板的弯制

金属板需弯制成 100mm 以上的长度时可把金属板一部分放在型钢上，将要弯制部分留出，然后用两块木条压住要弯制的左、右部分，推压即可，如图 5－1 所示。

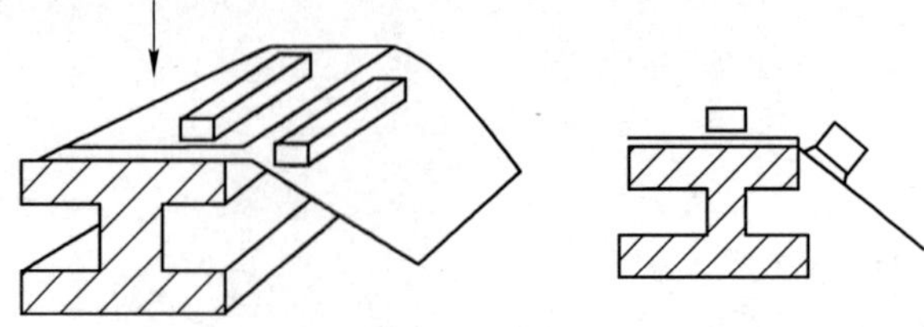

图 5－1

5.1.3 金属板的裁剪

裁剪较薄一点的镀锡、镀锌板，一般用剪布用的剪子或一般剪铁用的剪子就可以了。如果遇到不小于1mm的铁板就剪不动了，这里介绍两种裁剪方法。

5.1.3.1 借力裁剪法

首先把比剪子柄略粗一点的铁管套在剪子比较直的柄上，然后把另一只剪子柄架在木板上，为了使剪子操作方便，最好把放剪子柄的地方事先挖一个凹坑，把剪子柄放进去定位。

操作时，先把铁板放入刀口，再用力压套在剪子柄上的套管，由于套管延长了剪子的力臂，这样就很省力。剪铁板时，只要稍稍用力，铁板就剪开了。这种方法只限于裁剪1~1.5mm厚的铁板。

5.1.3.2 固定铲剪法

先把裁剪的铁板卡在台钳上，裁剪口要与台钳口对齐，然后用平钢铲由铁板的一个边缘向另一个边缘一点一点地用铁锤敲击钢铲，这样就可以把铁板剪开了。

5.1.4 金属丝的校直

金属丝的校直有多种方法：

（1）较细的金属丝，将其绕过一个木棒，然后用手或钳夹住金属丝两端，反复用力抽拉，经过几次，金属丝就会校直，如图5-2所示。

（2）较粗一点的金属丝，可将金属丝放在一块板底下，然后用脚踩住木板，用手或钳夹住金属丝两端反复抽拉几次，金属丝也可以校直，方法如图5-3所示。

（3）较粗、较长的金属丝可将金属丝分别固定在两端木桩上，然后用脚在中间部位踏压拉直，如图5-4所示。

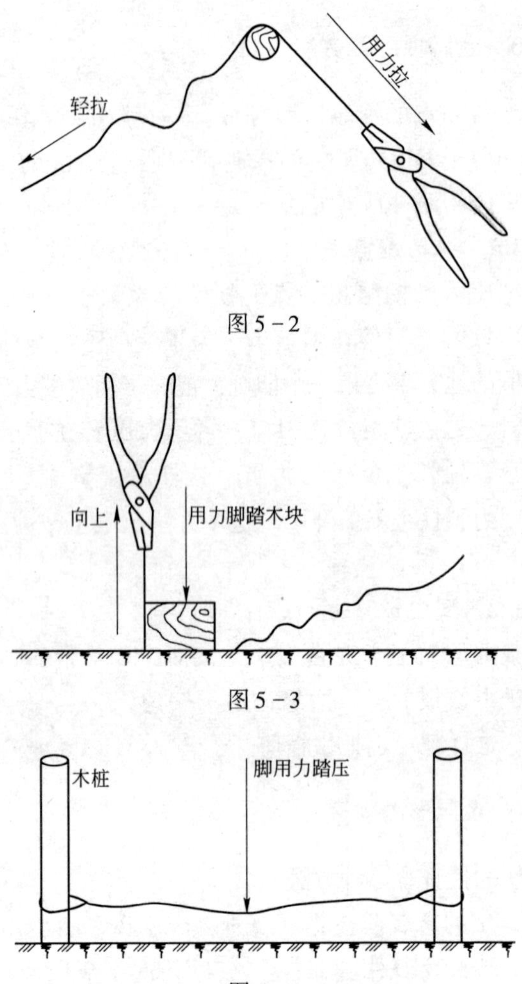

图 5－2

图 5－3

图 5－4

5.1.5　金属丝的加工工艺

（1）小圆环的制作：如果用钳子徒手去做很难做圆，要想做成较理想的小圆环，首先要找一根与圆环内径一样的铁棒或木棒，把铁丝绕在铁棒或木棒上，夹在台钳上，用钢锯顺铁棒方向把铁丝锯断，这样便做成了一串开口的圆环，如图 5－5 所示。

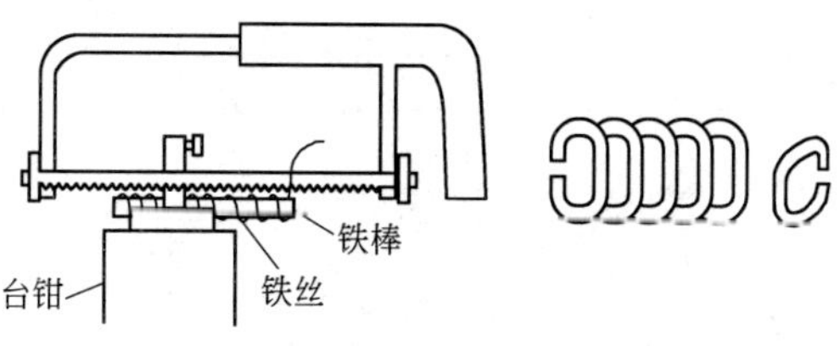

图 5－5

如果将铁丝单圈套在铁棒上，在对口处用钳子把多余的部分折一下，便可作成带柄的铁丝环，如图 5－6 所示。

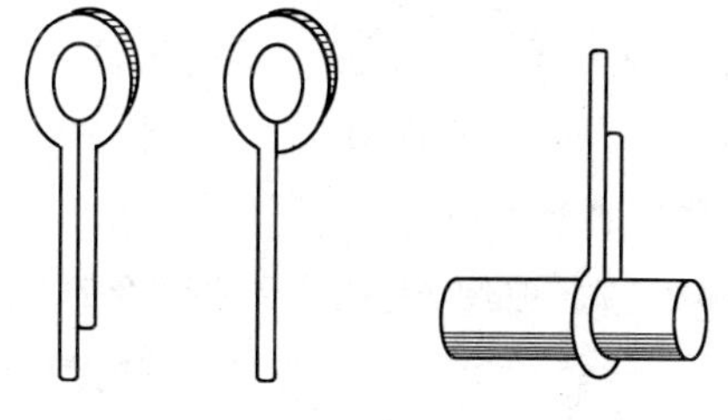

图 5－6

（2）弹簧的制作：根据需要选择粗细合适的钢丝，然后把钢丝绕在选定直径的圆铁棒上。如果钢丝太硬，不易缠绕，可以先进行退火处理。即把钢丝放入炉中均匀加热直到发红时拿出来慢慢冷却，冷后再按上述办法缠绕。将缠绕好的铁棒再放入炉中加热，直到发红后取出铁棒，迅速浸入冷水（最好是机油）淬火。淬火后，从铁棒上取下钢丝，就做成一只弹簧了。绕制方法如图 5－7 所示。

5.1.6　金属板的锡焊接技术

5.1.6.1　常用的焊锡

锡焊是利用高温使锡熔化用于接合金属的技术。所谓焊锡

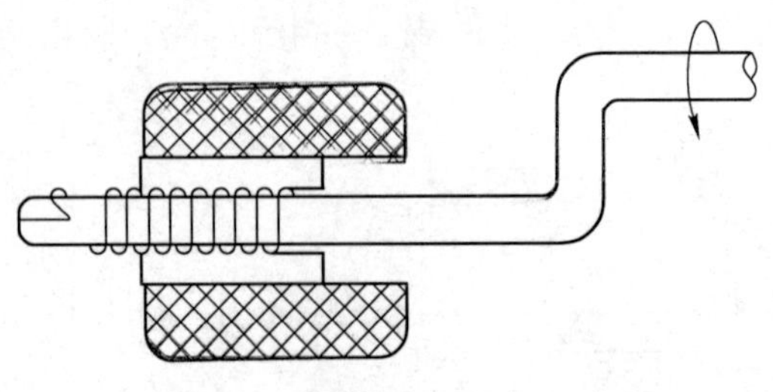

图 5 – 7

就是低熔点的铅锡合金，锡与铅的比例不同，焊锡的熔点也不相同。焊接一般金属用的焊锡，锡占 67%，铅占 33%，熔点为 180℃左右。

焊锡的好与坏直接影响焊接的质量，“非常规”物理实验器具宜选择熔点低、表面光洁的焊锡。市场出售的 1.2 ~ 2mm 的松香焊锡最便于“非常规”物理实验器具使用。

5.1.6.2　常用的助焊剂

要保证锡焊牢靠，被焊处打光后必须涂上焊剂，以除去氧化物和各种污垢，使焊锡容易结合。常见的助焊剂有售品焊油（俗称），售品焊油虽然种类很多，但大体可分为酸性和盐性焊油。这两种助焊剂适用于一般的金属物品。

盐酸溶液适用于马口铁及钢皮等金属的焊接，盐酸腐蚀性很强，焊后最好用水清洗。这种助焊剂不能用于电器设备的焊接。

5.1.6.3　烙铁的使用

烙铁按加热方式可分为电烙铁和火烙铁两类。

电烙铁有内热式和外热式两种。内热式电烙铁体积小、热效率高、温度上升快，是目前最普遍的锡焊工具。其缺点是电热芯的瓷管较细，容易摔断。外热式电烙铁虽不具备内热式电烙铁的上述优点，但比较坚固耐用，且功率比较大，所以目前仍被继续使用。

电烙铁的电源线一般采用电灯用的花线（塑料线也行）长度为1.5m左右、功率超过100W以上的，电源线则要粗一些。电烙铁功率大小的选用，应视焊接工件的体积来决定。焊接体积大的工件所需的热量也大，应选用较大功率的烙铁。焊接体积小的工件所需的热量也少，应选用较小功率的烙铁。焊接印刷线路板、无线电元器件等一般可采用25~45W的小型电烙铁，使用大烙铁容易损坏元器件。电烙铁规格有：25W、45W、75W、100W、150W等。一般仪器室进行维修、器具制作等，备有25W和150W两种电烙铁就可以了。在焊接过程中，电烙铁如果是用用停停，那么烙铁上集结的热量就不能及时散失，这样热量储存过多，很容易将烙铁头热死（即全部被氧化物覆盖而吃不上锡），从而影响焊接质量并缩短电烙铁的使用寿命。为了避免发生烙铁头热死现象而影响焊接速度，最好在不焊时将烙铁降温，使用时又能较快地达到焊接温度，下面介绍利用整流二极管降压接线装置。

利用整流二极管降压接线装置采用的电路如图5-8所示。

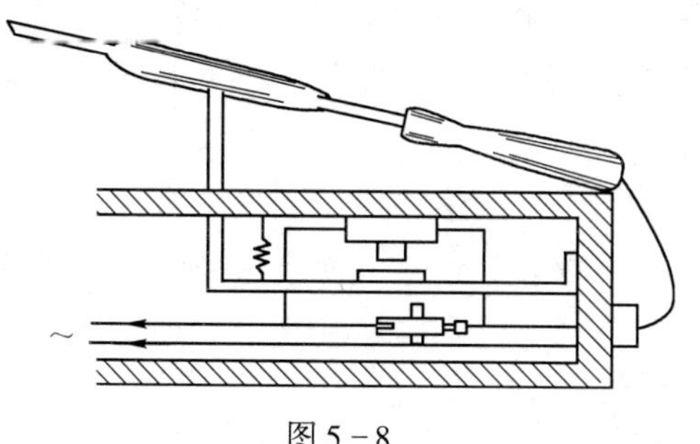

图5-8

二极管是2CZ型1A/400V，上方是常闭微动开关（可用机床上的限位开关），下方是20~150W电烙铁，当电烙铁搁在架子上时，因微动开关触点受压，常闭开关即可断开，因二极管与电烙铁R串联，使电烙铁上的电压有效值降低30%，从而使烙铁温度下降。重新拿起电烙铁时，微动开关触点闭合，二极管被短路，烙铁又得到额定电压，电烙铁很快恢复到工作温度。

为了安全可靠，可费一点工夫用一只木盒子把所有器件组装在一起，如图 6－8 所示。

火烙铁使用起来虽然比较麻烦，但在没有电的地区或没有电的时候及焊接比较大的工件时仍然要使用。火烙铁是在火炉子或酒精喷灯加热的，加热时要把烙铁小头向上，使吃锡部分露在外面，不然同样会把烙铁烧死。小烙铁用酒精灯加热也可，其他焊接技术要求与电烙铁相同。

5.1.6.4　锡焊要点

锡焊要点可以简单归纳如下：

（1）使用烙铁（包括火烙铁）前，必须使烙铁头表面蒙上一层锡（俗称“吃锡”），这样烙铁头才能拉住锡。上锡的方法是在烙铁未加热前，将烙铁头锉光，除去氧化物或污垢，然后对刮亮后的烙铁头加热，直到光亮部分变成紫红色，再用焊锡丝均匀地涂在烙铁头上。

（2）无论哪种烙铁，都不能长时间过量受热。否则会使烙铁头表面氧化而造成不能吃锡，出现了这种情况应按上述方法重新“吃锡”，才能使用。

（3）在锡焊中控制烙铁头的温度十分重要，烙铁烧到什么程度才合适，可用烙铁头与松香接触来判断，烙铁头和松香接触冒出柔顺的白烟，松香向烙铁头上扩展，又不吱吱作响，这就是烙铁最好的焊接状态。

（4）锡焊中，锡和焊点结合紧密，焊点圆滑、光亮是锡焊的基本要求，所以正确的操作步骤是：烙铁头接触松香—沾锡—烙铁蘸锡的地方接触焊点 2～3s 移开烙铁，使锡凝固，凝固时焊件不能乱动，以免造成假焊。

（5）被焊物焊前要刮净焊点氧化物或污垢，然后上松香或焊剂。

(6) 铁件焊接时，最好用氯化锌溶液作助焊剂，焊接效果最佳。

(7) 如金属板散热面积大（或烙铁瓦数不足时），可对金属板预热后焊接，或采用边焊边加热的方法进行，如图5－9所示。

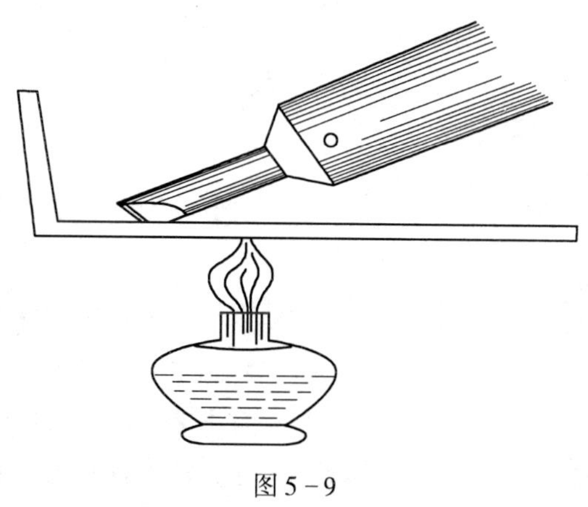

图5－9

5.2 木材料的加工技巧

木制材料一般是就地取材，利用木材的边角废料，加工成型。下面介绍木料的加工方法。

5.2.1 配料

配料是根据“非常规”物理实验器具的要求，合理确定零部件所用木材的木质、纹理、材色、光泽等特征，合理地选配木材，可以保证“非常规”物理实验器具的质量和使用寿命。

除此之外，还要记住“长木匠，短铁匠”这句谚语，这句谚语就是说在配料时，通常都要留有余量。

如果木材下短了，薄了，就成了废料。那么余量留多少合适呢？一般说500mm以下的毛料，宽厚的加工余量值取3mm，长度在 500 ~ 1000mm 的毛料，宽厚的加工余量值取 3 ~ 4mm；长度在 1000 ~ 1200mm 的毛料，宽厚的加工余量值取 5mm。

一般毛料在长度上都留有一定的长度余量，余量值约为 5 ~ 20mm。

各种覆面材料的加工也要有加工余量。一般在长、宽上的加工余量值各为 15 ~ 20mm。

5.2.2 刨料

木工用手刨子刨料要平直、方正。刨削时应先刨大面后刨小面。这是刨料应注意的问题。

手工刨推刨时，两手紧握刨柄，食指向前伸出，大拇指须加大推力。食指略加压力，双手平行用力向前推进。推进中途用力要均匀，一直推到手臂伸直为止。推到前面时，压力逐渐减小到不用力为止。退回时，应将刨身后部稍微抬起，以免刃口在木材上拖磨，使刃口迟钝。

刨削时，刨底应始终紧贴木料面，开始不要将刨头翘起来，刨到前端时，不要使刨头低下去，否则刨出来的木料表面中部会凸起。手工刨推正确与否见图 5 - 10。

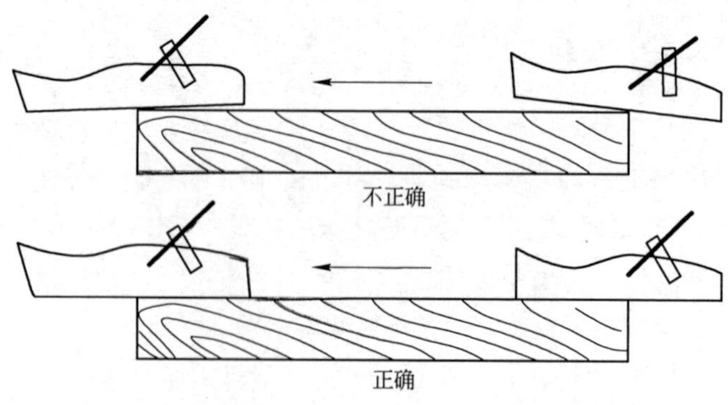

图 5 - 10

如果木料局部凸起，应先将凸起部分用粗刨刨平，然后再用长刨刨削。

5.2.3 划线

划线的方法有多种，如：铅笔划线，竹笔衬墨划线，线勒子划线，墨斗子工具弹线，还有较传统的墨株划线等，划线方法如图 5－11 所示。

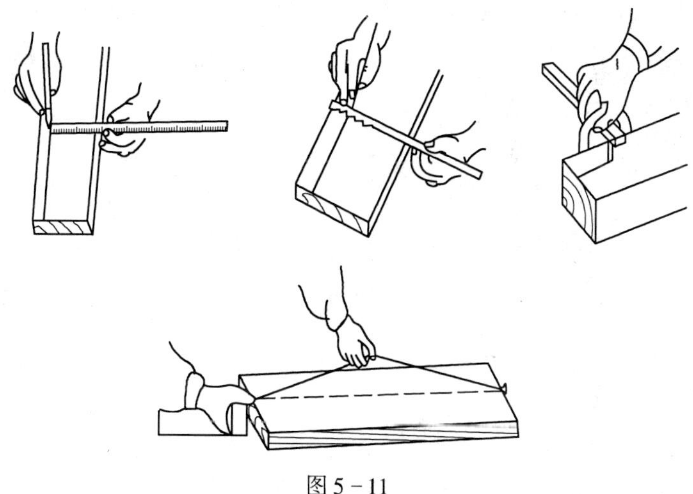

图 5－11

划线时的注意事项：

划线时要根据刨光和锯割的需要留出消耗量。锯缝消耗量：大锯约 4mm，中锯约 2～3mm，细锯约 1.5～2mm。刨光消耗量：单面刨光约 1～1.5mm，双面刨光约为 2～3mm。

总之，划线应准确、精密。只有这样木料连接才能合理。

5.2.4 打眼

打眼有多种方法，一是传统的凿具凿孔法，二是钻具打眼法。

虽然凿具的种类很多，但使用方法基本相同。一般凿孔前先画好需凿孔的线，将木料放在板凳上。手握凿柄，将凿刃放在靠近身边的横线附近，离横线约 3 ~5mm，凿刃斜面向外，当凿到另一横线附近时，将凿刃翻转过来垂直打凿。当孔打到孔深一半时，将木料翻转过来打孔，直到打透。如孔壁毛糙，要用凿具修平。

钻具打孔首先要熟悉钻具，掌握要领。不管使用什么样的钻具打孔都应注意以下几点：一是钻头要严格对准孔的中心，避免孔位打偏；二是钻具要垂直。避免孔深打偏；三是打斜孔时应始终正确掌握斜向角度。

5.3　玻璃的加工技巧

玻璃制成理想的“非常规”物理实验器具，需要掌握一些玻璃加工技巧，下面介绍几种玻璃加工的方法。

5.3.1　平板玻璃的切割

5.3.1.1　平板玻璃的切割

首先要在所需切割的玻璃上确定切割尺寸，并划好标记。若切割直线可用直尺对齐划线，因玻璃刀的刀尖与边缘距离约 2mm，所以在下刀时应将直尺向外退出 2mm。

切割玻璃时应右手持刀，左手压尺，使玻璃刀侧面靠在木尺上划割。划割后在玻璃上留下的只是刻痕，并非将玻璃割穿。因此在切割玻璃时，只要是在玻璃上留有痕迹即可。千万不可在同一处划数刀。若切割时操作不当，刻痕太浅，应在玻璃反面再切割。若刻痕太浅，不易扳断玻璃，可用玻璃刀或钳子、小锤子等物在刻痕背面玻璃中线处由下向上敲击，直至划痕处出现裂纹后再用力扳断即可。

5.3.1.2 平板玻璃的剪圆、磨边

若需要外缘是曲线或圆的平板玻璃厚 3mm 以下，可用上述划割的方法先划出所需的刻痕，然后放在清水中用剪刀剪成所需形状。剪好后再在水中用水砂纸或磨石、细砂轮等将边缘磨圆。

5.3.2 玻璃管材的切割

5.3.2.1 细玻璃管、棒的切割

直径在 5～10mm 以下的细玻璃管、棒在切割时，首先要平放在桌子边缘上，用三角锉、砂轮片（或新敲碎的瓷碗片）的棱刃垂直紧压在玻璃管欲截断处，用力向前推，使锉痕达到管周长的 1/3 或 1/4 后，拿起玻璃管（棒），两手的大拇指抵住锉痕的背面。其余各指按住玻璃管（棒），两手同时稍用力往后扳即断，如图 5－12 所示。

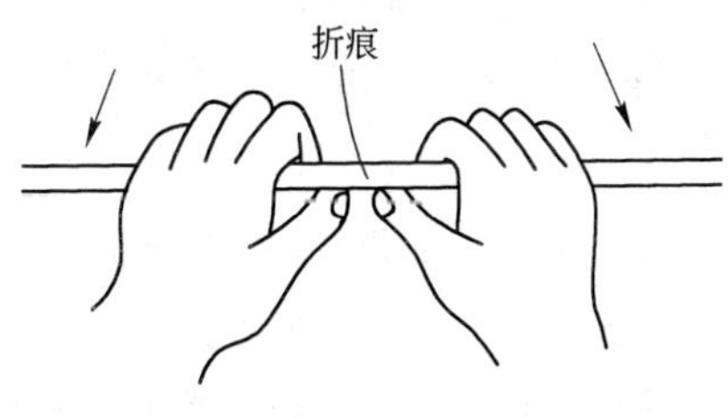

图 5－12

5.3.2.2 粗玻璃管的切割

先将要截断处用锉刀锉一圈细痕，用电阻丝沿细痕环绕一周，电阻丝交叉处用耐热绝缘材料隔开（或留 1～2mm 小缝），切割方法如图 5－13 所示。

电阻丝可从 150W 电炉丝中取其中的一段，加热拉直而成。电阻丝可由调压器或低压电源调成很低电压供电。待电阻丝红热 1min 左右，在细痕处滴一滴冷水，同时断电，玻璃管就会沿

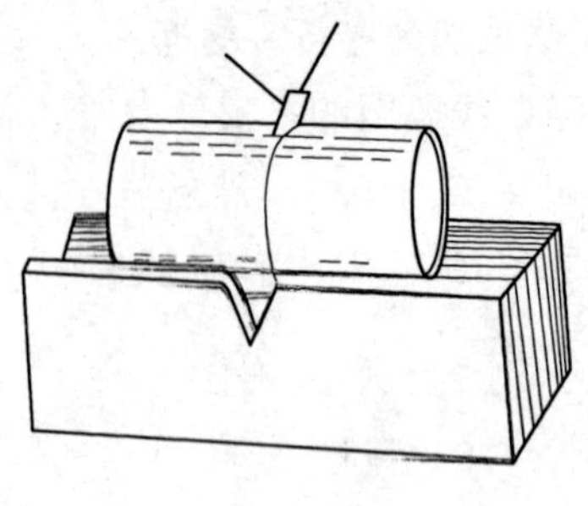

图 5 - 13

细痕断开。

断开后的玻璃管口很锋利，易划破皮肤，所以玻璃断开后要做一下处理。其方法一是可放在酒精灯上烧平滑；二是可在细砂布上或磨石上磨平。

5.3.3 玻璃瓶的切割

玻璃瓶（废灯泡）的切割方法很多，下面介绍几种方法。

（1）在玻璃瓶切割处用玻璃刀或小钢锉刻成一道锉痕，再用棉线在锉痕处绕上几圈，然后滴上酒精，点燃棉线大约 1min 左右，在锉痕处滴几滴水，瓶即可沿锉痕断开。

（2）将废报纸割成 5 ~ 7mm 宽的长条，然后将纸条放入清水中浸湿，取出。浸湿的纸条沿玻璃瓶切割线一侧紧贴瓶壁周围绕 1 ~ 4 圈。报纸绕边一定要整齐。点燃酒精灯，将瓶切割线对准酒精灯火焰，不停转动瓶子，瓶热后，放在冷水中即可断开。

（3）将玻璃瓶内装入食用油至切割线（并留出铁棒余量），然后将烧红的铁棒插入油内，玻璃瓶会沿油面断开。

（4）也可用自制电阻丝切割器切割玻璃瓶、玻璃管、灯泡等。切割时要注意：一是电阻丝绕一周交接处要留出 1 ~ 2mm 的空间以免短路。二是玻璃瓶滴水后要迅速断电。

（5）玻璃瓶、灯泡切割器的制作。

材料：600mm×200mm×20mm 木板一块，小电线夹 2 个，手按开关一个，橡皮筋 200mm，窗帘夹一个，8 号铁丝 300mm2 根，花线 1500mm1 段。

制作：

木板两边分别安上 8 号铁丝做支架，如图 5－14 所示。

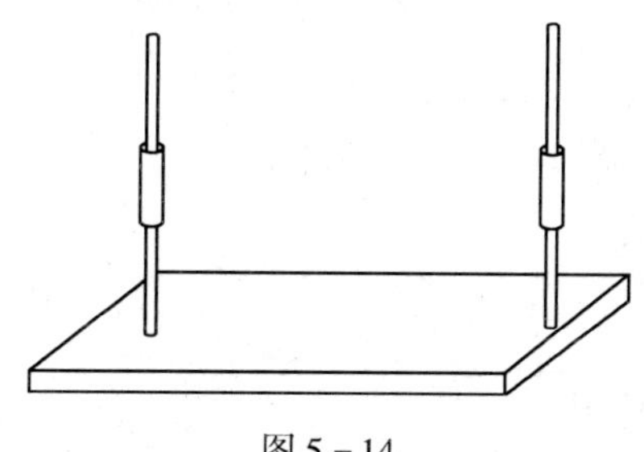

图 5－14

B 套管上的环与橡皮筋连接。

电阻丝是取 150～300W 电炉丝中的一段，两端加上能使这段电炉丝烧红的低压电源，然后拉直即可。电阻丝一端固定在 A 套管上，另一端与窗帘夹相连，安装方法如图 5－15 所示。

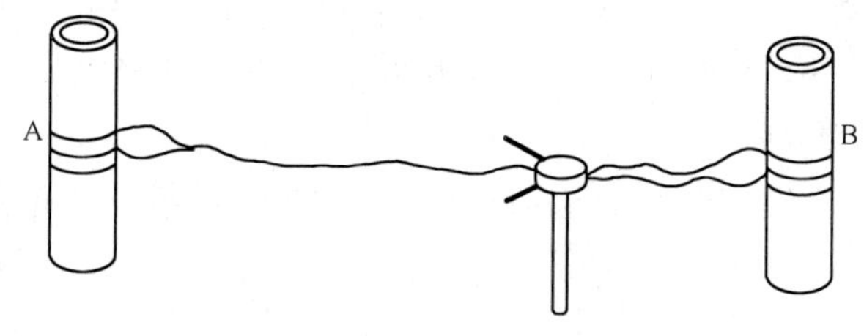

图 5－15

电阻丝通电后热胀，橡皮筋能调整电阻丝松紧，使电阻丝始终保持平衡，套管可调高低。低压电一般可用低压电源 0～24V、3A 或 0～30V、5A。

整体组装如图 5－16 所示。

这个切割器能够调整高低，电阻丝有橡皮筋可调整长与短。是较理想的切割玻璃瓶、灯泡等较大型器皿的工具。

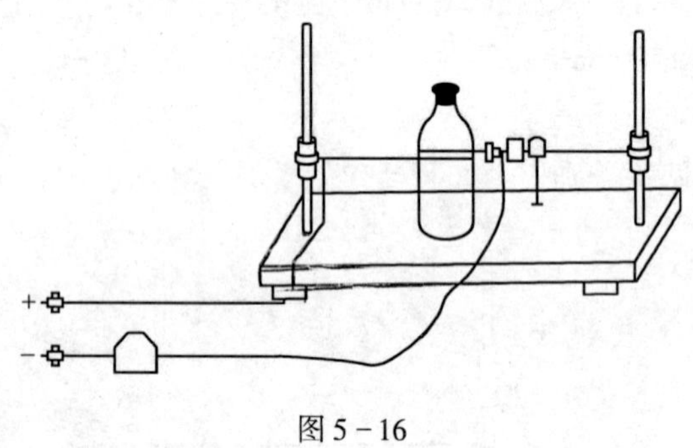

图5－16

5.4　塑料的加工技巧

用塑料做“非常规”物理实验器具，需要掌握一些塑料的加工技巧，下面介绍几种简单的塑料加工技巧。

5.4.1　塑料的切割

较薄的塑料较脆，不能用锯条锯割，可将废钢锯条折断后用其锋利处做切割刀刃或用刻刀沿刻线挡尺反复刻划几次，直至板面出现一道深痕，再翻过来，在同一部位划一道深痕。然后将塑料板移至桌边，轻轻向下一扳，就可沿划线断开。

5.4.2　塑料的弯制

用塑料板弯制较大的圆筒时，可将有机玻璃板在电炉上加热，待热的部分软化时，衬在圆柱上弯曲，即可成型。若需要直角则可在直角弯曲处划一道小刻痕。在刻痕背面加热，当其软化时，速离热源，折成直角，待冷却后再松手，即可成型。

5.4.3 塑料的黏合

常用的塑料黏接方法有以下几种。

5.4.3.1 热熔黏接法

热熔黏接也称焊接。热塑件塑料一般都有一经加热就熔融而黏合的特点，因此热熔法通过使连接的部件升温达呈黏流态，并在一定的压力下叠合黏结、冷却后即成一体来实现的。

5.4.3.2 溶剂黏接法

利用有机溶剂，例如丙酮、三氯甲烷、二甲苯等，或用含有该种塑料的溶液滴入连接处表面，使之溶解。溶剂挥发后即可形成牢固的接头。但这种方法不适用于不同品种塑料之间的黏合。

5.4.4 泡沫塑料的制作工艺

泡沫塑料具有质轻、易加工特点。日常生活中包装废泡沫塑料很多，是"非常规"物理实验器具的好材料。包装用废泡沫塑料形状规格不一，做"非常规"物理实验器具时需粗加工成形，然后再做实验器具。加工废泡沫塑料需要一个较理想的加工工具，下面介绍加工工具的制作方法。

5.4.4.1 垂直电热切割器的制作

垂直电热切割器是用于切断比较长的泡沫和片状垂直切割。它的主体由宽200mm、长600mm、厚15~20mm木板一块，长500mm、宽10mm、弹性较好的竹条一根。取单人床电褥丝一根的1/8（约250mm），两头各留一部分，其余用火烧掉绝缘皮，一头固定在竹条一端，另一端固定在木板上，用导线将电褥丝的两头连接到学生电源上。通电后调整电压，便可控制电褥丝的温度，切割泡沫塑料。整个装置如

图 5－17 所示。

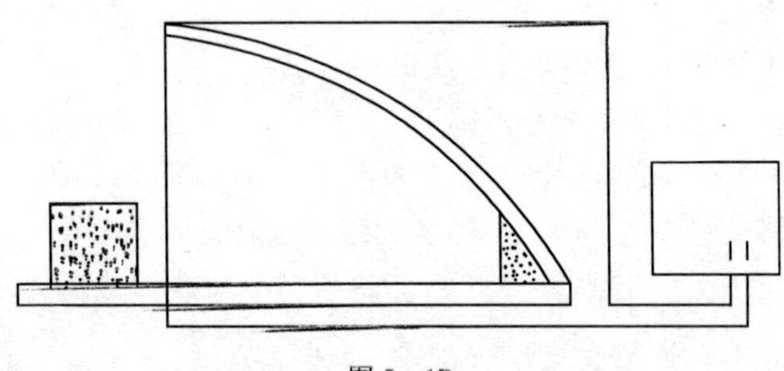

图 5－17

5.4.4.2 水平切割器的制作

取一块 200mm 宽、600mm 长、10～15mm 厚的一块平滑的木板，（如木板不平，上面可在安装后放一块厚玻璃），木板两侧中间分别钉一枚 5 寸大钉，大钉上套有 2 个环。电阻丝一头固定在一侧的环上，另一头与一个弹簧连接。将电阻丝的两个头用导线连接在学生电源上，通电后就可切割了。使用时要用尺以底板为准，量电阻丝两侧，把电阻丝与板面调整成水平状态，安装如图 5－18 所示。

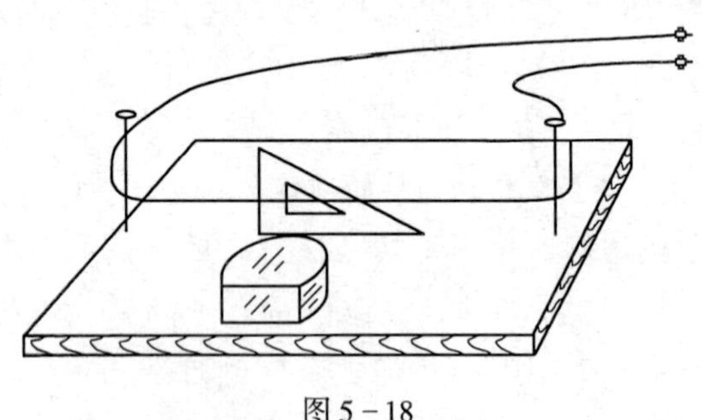

图 5－18

有了这两件切割器就可切割各种形体的泡沫塑料。

6 利用“非常规”物理实验培养物理师范生创造力的实验研究

6.1 实验总体设计

6.1.1 实验目的和假设

本实验旨在以“非常规”物理实验方案设计为手段、以“创造技法”为主要方法，对高师物理师范生实施专题培训，培养学生发散性思维的能力，探索高师院校物理学专业培养师范生实验课程资源开发设计能力和创新方法的有效途径，为物理教师教育课程体系中增设相关课程的必要性和可行性提供研究依据。

根据论文的理论论述，我们可以假定，以“非常规”物理实验方案设计为手段、以“创造技法”为主要方法，对高师物理师范生实施专题培训，在一定程度上有利于培养高师物理师范生的创造力。

6.1.2 实验设计中被试的选择和实验设计方法

在内蒙古师范大学物理与电子信息学院物理学专业的大一学生（汉班）中选取60名同学进行创造力高低的前测量，按所得分数的高低排序，奇数序列作为实验组，偶数序列作为控制组。以“非常规”物理实验方案设计为手段、以“创造技法”为主要方法，对实验组实施专题培训，在培训过程中，实验组的同学再分为两个组，每组15人，分别进行培训。

实验设计采用前测—后测控制组设计。它包含两个组——一组接受实验处理，另一组则不。图示如下：

$$\begin{array}{llll} RG_1 & O_1 & X & O_2 \\ RG_2 & O_3 & — & O_4 \end{array}$$

图中，G_s 表示组，R 表示随机抽取或分至各组的人数。X 表示实验处理，短线“—”表示无实验处理。O_s 表示对相关变量的测量，用奇数作下标的 O_s 表示前测，用偶数作下标的 O_s 表示后测。

6.1.3　实验中的变量和测量工具

自变量为以“非常规”物理实验方案设计为手段、以“创造技法”为主要方法，对高师物理师范生实施专题培训。因变量为高师物理师范生的创造力。本实验创造力测量试题根据创造力专家 E. 保罗·托兰斯博士区分出了创造力的四种特征：流畅性、变通性、新颖性和精细性编制而成，试题和评分标准见附录 1。调查问卷（附录 4）根据创造力的特征自编而成。

6.1.4　培训内容、时间安排

实施培训的内容与时间安排见表 6－1。

表 6－1　培训内容、时间的安排

课序	授课内容	课时安排	课前准备
1	“创造力”测量	1 课时	测试题（前测）
2	“头脑风暴法”专题实验	2 课时	用“一次性纸杯”设计的物理实验方案
3	“希望点列举法”和“头脑风暴法”专题实验	1 课时	演示实验的要求

续表6－1

课序	授课内容	课时安排	课前准备
4	“缺点列举法”和“头脑风暴法”专题实验	2课时	演示器具：“浮沉子”
5	“检核表法”专题实验	3课时	演示器具：“浮沉子”和“简易电动机”
6	“特性列举法”专题实验	2课时	易拉罐
7	制作	5课时	根据同学们的设计，有选择地让每人动手完成自己设计的实验方案
8	问卷调查	1课时	编制好调查问卷
9	“创造力”测量	1课时	测试题（后测）
总课时		18课时	

6.2 实验研究

6.2.1 “创造力”测量（前测）

召集物理与电子信息学院07级物理学专业的大一学生（汉班）进行创造力高低的前测量，测试题见附录1：“创造力”测量1，然后，根据评分标准进行评判打分。按所得分数的高低排序，奇数序列作为实验组，偶数序列作为控制组。

6.2.2 “头脑风暴法”专题实验

召集实验组学生开会，讨论利用生活材料设计物理实验的方案。并提出会议的要求：（1）不允许批评别人提出的设想；（2）提倡任意自由思考，提出的设想越大胆越奇特越好；（3）任何人不能作判断性结论；（4）提出的设想越多越好；（5）不允许用集体提出的意见来阻碍个人的创造性思维；

(6) 对提出的设想记录在卡片上（见附录2）。

第一，提出会议的题目："一次性纸杯"是我们生活中常见到的物品，用它能做什么物理实验呢？

第二，同学们认真思考开始在卡片上设计实验方案，20min之后，让同学们依次讲解自己的实验设计方案，互相交流，实施智力激励。

第三，同学们认真思考继续在卡片上设计实验方案，20min之后结束。

第四，笔者对实验设计方案进行汇总。实验流程如图 6 - 1 所示：

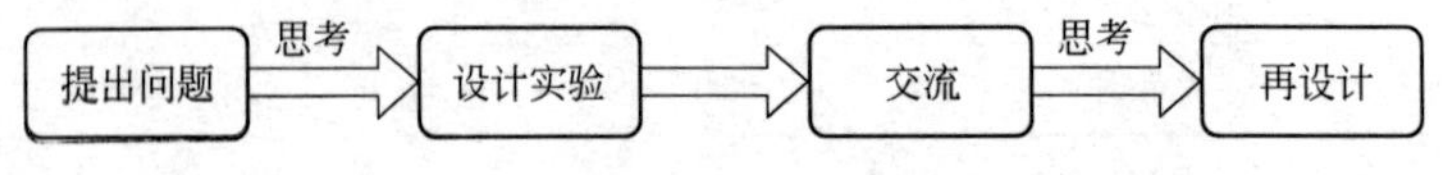

图 6 - 1　"头脑风暴法"创新技法实验流程

6.2.3　"希望点列举法"和"头脑风暴法"的专题实验

召集实验组学生，提出问题：演示实验是中学物理实验教学的重要组成部分，演示实验的运用水平直接关系到物理教学的效果和质量，精心设计和运用好每一项演示实验意义重大。请同学们想一想：对设计演示实验你有哪些"希望点"？

第一，请同学们把想到的"希望点"写在纸上。

第二，5min 之后，让同学们依次说出自己想到的"希望点"，互相交流，实施智力激励。

第三，同学们继续思考演示实验的"希望点"，把想到的"希望点"写在纸上，5min 之后结束。

第四，笔者对"希望点"进行汇总，实验流程如图 6 - 2 所示。

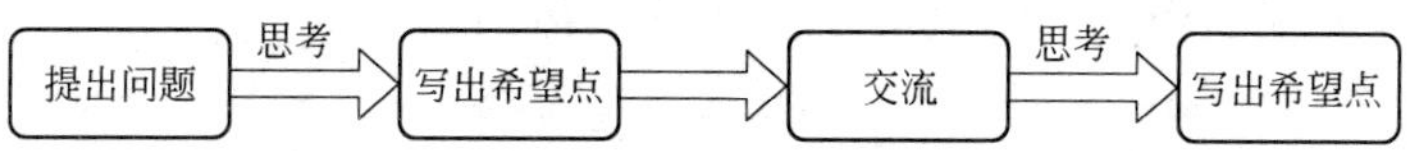

图 6-2 “希望点列举法”和“头脑风暴法”创新技法实验流程

6.2.4 “缺点列举法”和“头脑风暴法”的专题实验

召集实验组学生，演示演示器具“浮沉子”（图 6-3），给学生分发笔者根据学生想到的演示实验的“希望点”，统计出来演示实验的基本要求和拓展希望点。

图 6-3

第一，请同学们对照“对演示实验的希望点”，寻找演示器具“浮沉子”的缺点，把想到的缺点写在纸上。

第二，20min 后，让同学们依次说出自己想到的缺点，实施智力激励。

第三，请同学们继续寻找演示器具“浮沉子”的缺点，15min 之后结束。

第四，笔者对同学们想到的缺点进行汇总，统计出来“浮沉子”的主要缺点。

第五，请同学们对照“浮沉子”的主要缺点，对“浮沉子”演示器具实施改进，并把实验设计方案记录在卡片上。

25min 之后结束。实验流程如图 6－4 所示：

图 6－4　“缺点列举法”和“头脑风暴法”创新技法实验流程

6.2.5　“检核表法”的专题实验一

第一，召集实验组学生，发放书面材料，让同学们默读“检核目录”5min。

第二，结合生活中的创造发明和物理实验中的一些实验方案，讲解检核目录法。

第三，请同学们根据检核目录法的思路，重新对“浮沉子”演示器具实施改进，时间 25min。

第四，对实验设计方案进行汇总。实验流程如图 6－5 所示。

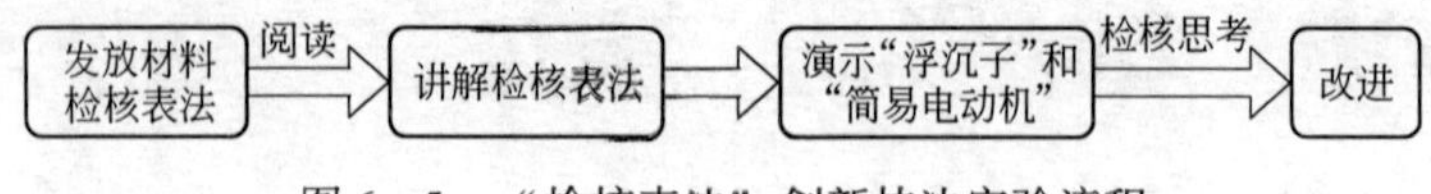

图 6－5　“检核表法”创新技法实验流程

6.2.6　“检核表法”的专题实验二

召集实验组学生，演示演示器具“简易电动机”（图6－6）。请同学们根据检核目录法的思路，对“简易电动机”演示器具实施改进，时间 25min。对实验设计方案进行汇总。实验流程如图 6－5 所示：

6.2.7　“特性列举法”的专题实验

召集实验组学生，拿出几个易拉罐让学生看，问：易拉罐有哪些物理特性？用它能做什么物理实验呢？

图6-6

第一，使学生明确“针对环境中某具体实物的‘非常规’物理实验设计思路”。

第二，结合“硬币”的物理特性和用“硬币”设计的物理实验方案，讲解“针对环境中某具体实物的‘非常规’物理实验设计”思路。

第三，同学们根据易拉罐的特性设计实验方案并写在卡片上，30min之后结束。

第四，对实验设计方案进行汇总。其实验流程如图6-7所示。

图6-7 特性列举法创新技法实验流程

6.2.8 制作

根据同学们设计的实验方案，有选择地让实验组的每个同学动手进行制作。看他们设计的方案是否合理，若不合理，能否改进。由于时间关系，笔者只让他们完成部分实验。学生实验方案见附录3。最后对实验组的同学进行问卷调查。调查问卷见附录4。

6.2.9 “创造力”测量（后测）

召集实验组和控制组的所有60名同学进行创造力高低的测量，测试题见附录1：“创造力”测量2，然后，根据评分标准进行评判打分。

6.3 实验结果

6.3.1 实验前测结果

通过对物理与电子信息学院07级物理学专业的大一学生（汉班）进行创造力测量的前测，根据他们所得分数分为实验组和控制组，并对实验组和控制组的成绩用SPSS 13.0软件统计分析，可得出如下结果：

表6-2 实验前，实验组与控制组创造力测量成绩统计及其差异显著性检验

创造力特征	组别	*N*	*M*	*SD*	*t*	*P*
流畅性	实验组	30	25.53	9.387	-0.118	0.907
	控制组	30	25.83	10.326		
变通性	实验组	30	23.47	8.877	0.069	0.945
	控制组	30	23.30	9.876		
新颖性	实验组	30	0.83	0.986	0.117	0.908
	控制组	30	0.80	1.215		
精细性	实验组	30	13.53	11.288	-0.025	0.98
	控制组	30	13.60	9.368		

注：*N*—样本数；*M*—平均值；*SD*—标准差；*t*—检验统计量；*P*—概率。

由表6-2中的数据可以看出，通过两样本t检验，在前测中，实验组与控制组在创造性思维的流畅性、变通性、新颖性和精细性的t值分别为：-0.118、0.069、0.117、-0.025，据此而得到相应的概率值分别为：0.907、0.945、0.908、0.98，按 $\alpha=0.05$ 水准，由于 $P>0.05$，故实验组与控制组在创造性思维的流畅性、变通性、新颖性和精细性表现方面都没有显著性差异。

6.3.2 关于“头脑风暴法”专题实验结果

学生针对“一次性纸杯”设计的实验方案（见附录5），实验设计方案数统计见表6－3。从表中的数据可以看出，通过实验方案的交流后，学生人均还能设计大约两个左右的方案。这说明通过头脑风暴法很好地对学生实施了智力激励。

表6－3 “一次性纸杯”实验设计方案数统计

类 别	第一组		第二组	
	交流前	交流后	交流前	交流后
设计实验方案数	55	31	66	29
人均方案数	3.67	2.07	4.4	1.93

6.3.3 关于“希望点列举法”和“头脑风暴法”专题实验结果

希望点列举法可以让人们主动去思考，可不受原有事物的束缚自由想象，是一种很好的创造技法。实验组的学生分两组，通过思考—交流—思考，写出了演示实验的很多“希望点”，笔者归纳整理如下：

A 基本要求

（1）目的明确、科学性强；（2）现象明显、可见度大；（3）原理简单、操作简便；（4）稳定可靠、重复性强；（5）安全环保、经济实用。

B 拓展希望点

（1）原理突出、过程清晰；（2）方法巧妙、启发思维；

(3) 定性定量、揭示主题；(4) 适合探究、利于合作；(5) 形式多样、新奇有趣；(6) 经久耐用、便于携带 (7) 器材组合、一机多用；(8) 废物利用、取材广泛；(9) 借用他物、综合性强；(10) 读数精确、减小误差。

学生提出演示器具实验希望点的个数统计见表 6-4，从表中数据可以看出，通过“希望点”交流后，学生大约每人还能提出四条“希望点”，这也说明通过头脑风暴法很好地对学生实施了智力激励。

表 6-4 演示器具“希望点”个数统计

类 别	第一组		第二组	
	交流前	交流后	交流前	交流后
“希望点”个数	79	57	94	66
人均个数	5.3	3.8	6.3	4.4

6.3.4 关于“缺点列举法”和“头脑风暴法”专题实验结果

笔者让学生针对“浮沉子”演示器具提出缺点，可以吹毛求疵，找出其缺点越多越好。事实上学生确实提出了很多缺点，缺点个数统计见表 6-5，从表中数据可以看出，通过“缺点”交流后，学生大约每人还能提出 4 条“缺点”，这也说明通过头脑风暴法很好地对学生实施了智力激励。

表 6-5 “浮沉子”实验缺点个数统计

类 别	第一组		第二组	
	交流前	交流后	交流前	交流后
缺点个数	66	61	61	50
人均缺点个数	4.4	4.1	4.1	3.3

笔者根据学生对“浮沉子”提出的缺点，整理统计出“浮

沉子”的主要缺点：（1）原理不突出、方法不巧妙；（2）现象不明显、可见度不大；（3）过程不清晰、不能定量。并让学生针对这几条主要缺点重新设计“浮沉子”演示器具。从学生设计的实验方案来看，针对“浮沉子”原理不突出的缺点，学生想办法让演示器具能清楚地演示出是由于饮料瓶内压强的变化，导致小药瓶内水的增加或减少，从而导致小药瓶所受重力和浮力的关系变化，小药瓶实现下沉或上浮；针对“浮沉子”实验现象不明显、可见度不大的缺点，学生想办法用大的演示器具，或者用放大的方法，尽量避免实验操作时，堵住学生观察实验现象，为了增加视觉效果，让液体和实验器具之间形成颜色反差；针对“浮沉子”实验不能定量的缺点，学生想办法在实验时，能通过计算，比较小药瓶的重力和受到的浮力的关系。学生设计的实验方案路线可用图 6 - 8 表示。

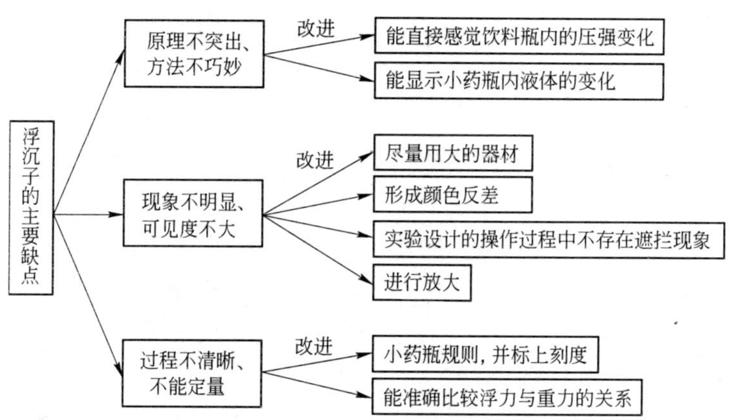

图 6 - 8　学生根据“浮沉子”的主要缺点改进实验设计方案路线图

6.3.5　关于“检核表法”专题实验结果

检核思考提供了创造活动最基本的思路。发明创造的思路固然很多，但也有其基本规律、基本思路可循。采用检核目录这一方法，可以使创造者尽快集中精力，朝提示的目的和方向去构思、去创造。

从学生利用检核表法改进“浮沉子”设计的实验方案可以看出：通过检核项目“能否他用?”，想到可利用医用注射器和打气筒等来改变饮料瓶内的压强；通过检核项目“能否借用?”，想到可借用化学反应、压缩和加热等原理来改变饮料瓶内的压强；通过检核项目“能否改变?”，想到可改变饮料瓶的形状，小药瓶的颜色；通过检核项目“能否扩大?”，想到可把饮料瓶换成大的食油桶；通过检核项目“能否缩小?”，想到可把饮料瓶换成小的矿泉水瓶；通过检核项目“能否代用?”，想到可借助工具代替双手用力；通过检核项目“能否组合?”，想到可在小药瓶内放入带颜色的小球，显示液面的变化，等等这些，笔者把它用图 6－9 来表示。

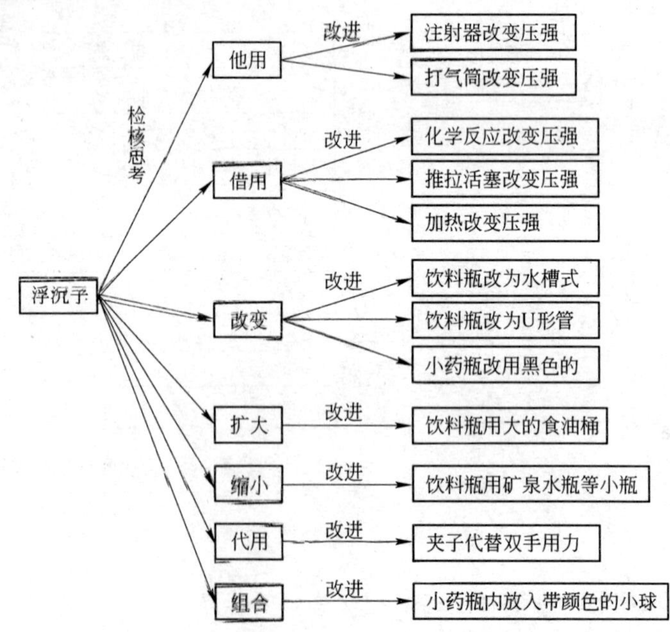

图 6－9　学生检核思考浮沉子，改进实验方案设计路线

从学生利用检核表法改进“简易电动机”设计的实验方案可以看出：通过检核项目“能否借用?”，想到可借用通电线圈产生磁场的原理来代替磁铁；通过检核项目“能否改变?”，想到可改变简易电动机线圈的各种形状，如圆形、椭圆形和正六边形等，还想到几个线圈可叠加组成笼形；通过检核项目“能否扩大?”，想到可把线圈放大，电源放大，整个简易电动机部件全部放大；通过检核项目“能否缩小?”，想到可把简易电动机做得非常小巧，不用泡沫做支架，直接用一节干电池、一小块磁铁和漆包线直接构成；通过检核项目“能否代用?”，想到可用曲别针代做支架和导线，用易拉罐皮作线圈；通过检核项目“能否调整?”，想到可把支架做成导轨式的。等等这些，如图6－10所示。

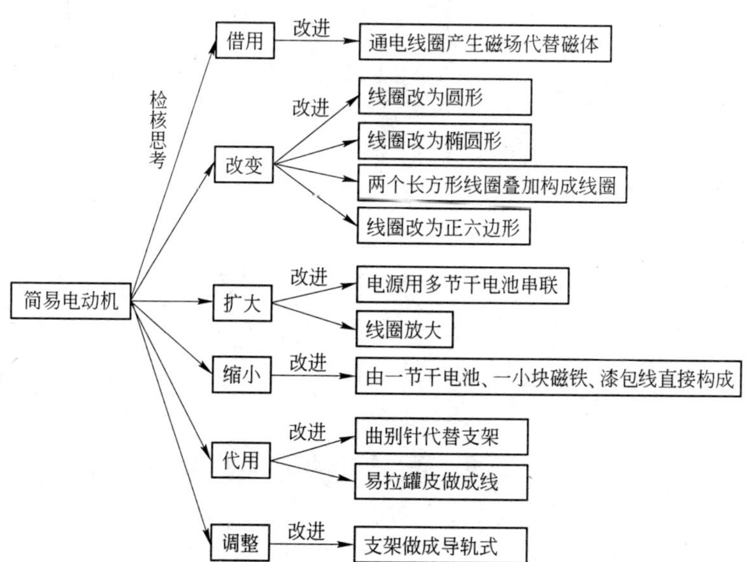

图6－10 学生检核思考简易电动机，改进实验方案设计路线

笔者也将学生通过缺点列举和检核表法改进“浮沉子”的实验设计方案数进行了统计，统计结果见表6－6。从表中的数

据可以看出，学生通过缺点列举改进实验后，通过检核表法的检核思路还能设计出很多实验方案。这说明按照检核表法进行检核思考，可以使学生的思路更开阔、想象更丰富。只要我们掌握了检核表法，就可以使我们尽快地集中精力朝着设问所提示的目标和方向进行创造发明。

表 6-6　缺点列举和检核表法改进“浮沉子”实验设计方案数统计

类　别	第一组		第二组	
	缺点列举	检核表法	缺点列举	检核表法
实验设计方案个数	18	18	19	26

6.3.6　关于“特性列举法”专题实验结果

在此实验中，学生分析了易拉罐的物理特性：圆柱形成筒状、空心、底部向内凹成碗状；质地柔软、皮薄易加工；导电；导热。接着用易拉罐这些物理特性，联想中学物理教学主题，进行发散和集中思维，设计实验方案。笔者根据学生设计的实验方案，归纳整理出实验方案设计的思考路线如图 6-11 所示。

按照特性列举的思路，同学们利用易拉罐一次设计实验方案数相比以前“一次性水杯”的设计方案数大大增加，第一组的同学设计的方案数为 70 个，第二组的同学设计的方案数为 75 个，实验方案总数为 145 个，而原来实验方案总数为一次只有 121 个。这说明学生，通过特性列举，分析了易拉罐的物理特性，联想中学物理教学主题，设计物理实验方案时，针对性更强，思维更周密，思考更全面。

6.3.7　关于制作实验结果

学生通过实验制作过程，可以对自己设计的实验方案进行反思。评价自己设计的实验方案是否可行，若不行，原因是什

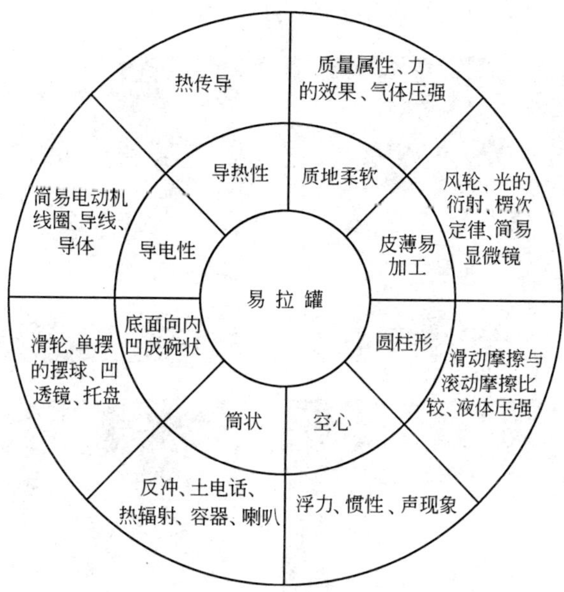

图6－11 特性列举易拉罐设计"非常规"物理实验方案思考路线图

么，能否改进实验方案，怎样改进，若可行，怎么做，怎样做效果更佳，学生实验制作过程是一个手脑协调并用的过程，是理论与实践相结合的过程。真正的教育确实应该帮助造就手脑都会用的人，我们需要的一种教育，是造就脑子指挥双手、双手锻炼脑子的手脑健全的人。"做"是培养创造性人才的关键。离开了"做"，创造能力、创造人才便无从谈起。这是陶行知创造教育理论的基本观念，也是他的核心观点。学生实验制作部分图片如图6－12～图6－15所示：

6.3.8 关于实验后测结果

通过对物理与电子信息学院07物理学专业的大一学生（汉班）进行创造力测量的后测，并对实验组和控制组的成绩用

SPSS 13.0 软件统计分析，可得出如下结果：

a 正六边形线圈

b 两方形线圈组合

c 大的圆形线圈

d 有标记的线圈

图 6－12

a 缩小的简易电动机

b 曲别针代替导线

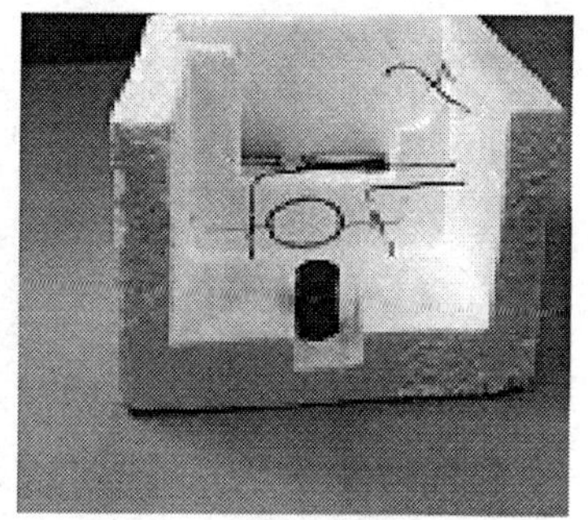
c 椭圆形线圈

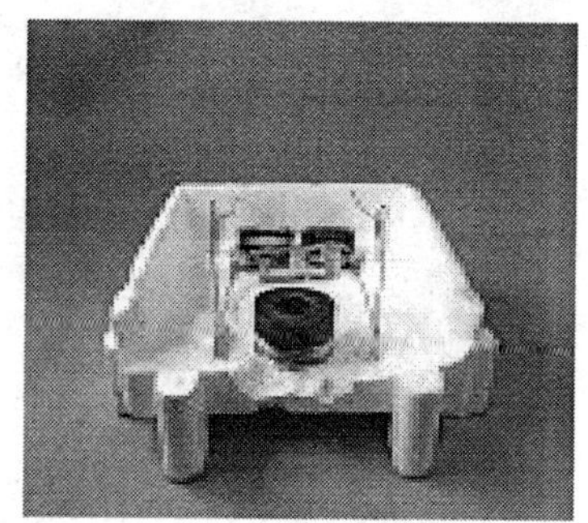
d 易拉罐皮做线圈

图6－13

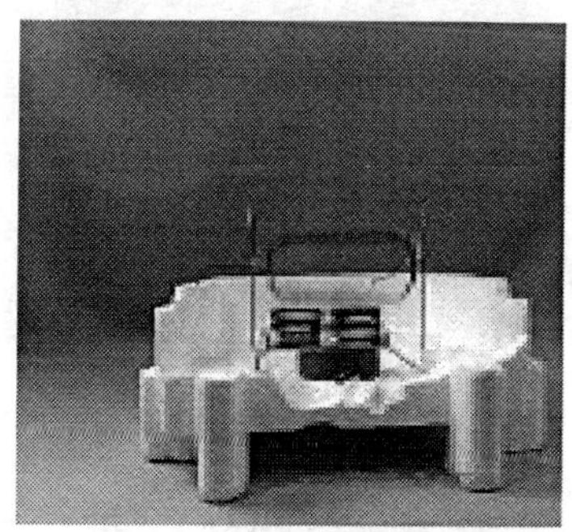
a 大的长方形线圈

b“浮沉子”上安注射器

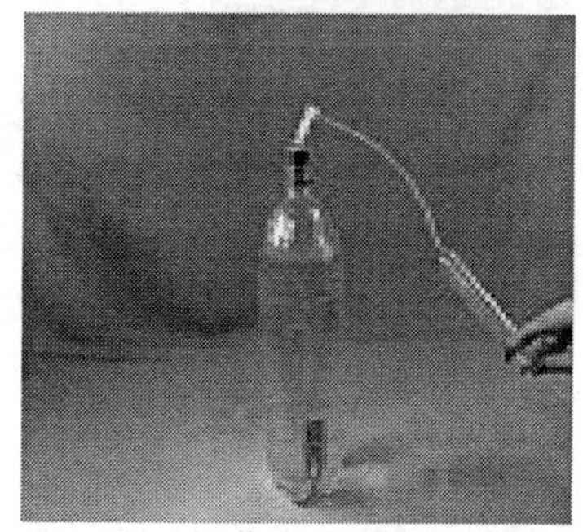
c 推动b中注射器

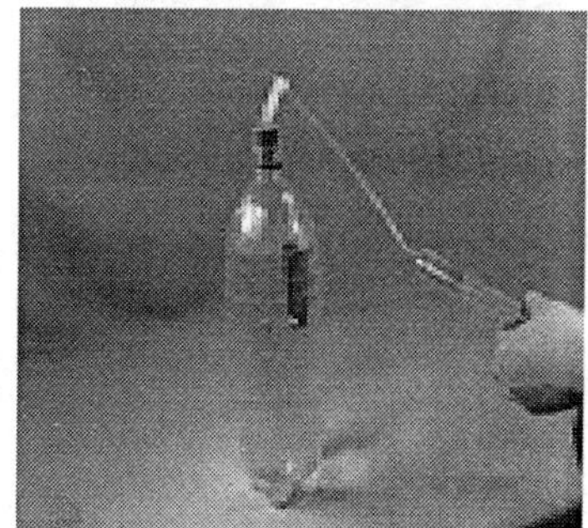
d 向外拉注射器

图6－14

a “浮沉子”上安气门心

b 易拉罐做液体压强实验

c 纸杯做惯性实验

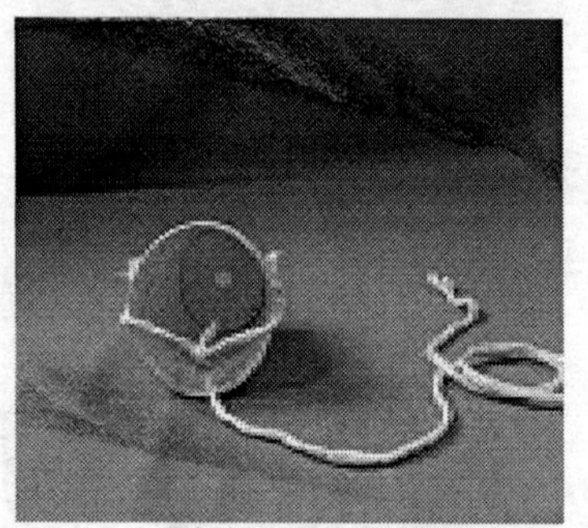
d 纸杯研究单摆的摆速

图 6－15

表 6－7 实验后，实验组与控制组创造力测量成绩统计及其差异显著性检验

创造力特征	组别	*N*	*M*	*SD*	*t*	*P*
流畅性	实验组	30	33.70	11.278	2.664	0.010
	控制组	30	25.87	11.497		
变通性	实验组	30	31.80	10.516	2.545	0.014
	控制组	30	24.90	10.486		
新颖性	实验组	30	7.20	3.925	4.211	0.000
	控制组	30	3.33	3.144		
精细性	实验组	30	35.60	22.863	2.039	0.046
	控制组	30	24.40	19.553		

注：*N*—样本数；*M*—平均值；*SD*—标准差；*t*—检验统计量；*P*—概率。

由表6－7中的数据可以看出，通过两样本t检验，在前测中，实验组与控制组在创造性思维的流畅性、变通性、新颖性和精细性的t值分别为：2.664、2.545、4.211、2.039，据此而得到相应的概率值分别为：0.010、0.014、0.000、0.046，按检验水准$\alpha=0.01$，由于流畅性和新颖性的$P\leqslant0.01$，故实验组与控制组在创造性思维的流畅性和新颖性表现方面有极其显著的差异，按检验水准$\alpha=0.05$，由于变通性和精细性的$P<0.05$，故实验组与控制组在创造性思维的变通性和精细性表现方面有显著的差异。

表6－8 实验前后，实验组创造力测量成绩统计及其差异显著性检验

创造力特征	*N*	*M*	*SD*	*T*	*P*
Pair1 流畅性1& 流畅性2	30	−8.167	7.269	−6.154	0.000
Pair2 变通性1& 变通性2	30	−8.333	6.950	−6.568	0.000
Pair3 新颖性1& 新颖性2	30	−6.367	3.718	−9.378	0.000
Pair4 精细性1& 精细性2	30	−22.067	17.915	−6.746	0.000

注：表中流畅性1中“1”表示前测，流畅性2中“2”表示后测，其他类似。

由表6－8中的数据可以看出，通过配对t检验，实验组在创造性思维的流畅性、变通性、新颖性和精细性的t值分别为：−6.154、−6.568、−9.378、−6.746，据此而得到相应的概率值均为0.000，按检验水准$\alpha=0.01$，由于$P<0.01$，故实验组在实验前后，创造性思维的流畅性、变通性、新颖性和精细性表现方面都有极其显著性差异。

6.4 分析与讨论

6.4.1 关于创造性思维的流畅性分析

创造性思维的流畅性是以思维的量来衡量的，在“头脑风暴法”专题实验中，第一组的学生在交流前设计的实验方案数为55个，交流后设计的实验方案数增加31个；第二组的学生在交流前设计的实验方案数为66个，交流后设计的实验方案数增加29个。“头脑风暴法”将联想和评价分开，以集体的方式进行思考，提供自由、安全、和谐、相互尊重的气氛，营造了创造的心理环境，符合发散思维的产生机制。会议能够充分激发学生的潜意识思维、促进发散性思维的进行，从而有利于导致创造性观念的产生。实验说明通过头脑风暴法很好的对学生实施了智力激励，学生用别人的想法开拓了自己的思路。实验者在会议中向别人学习、接受启迪，以他人的设想激励自己，或补充他人的设想，或将他人的若干设想加以综合后提出自己新的设想等。可见，当一个人独自思考一个问题时，其思路常被限制在一定范围而受阻，如果有几个人同时对问题进行思考，各人都以自己的知识经验从各自不同的角度认识同一问题，就会有利于互相激励，引出联想，从而产生共振和连锁反应，诱发出更多的设想。

在“希望点列举法”和“头脑风暴法”专题实验中，第一组的学生在交流前提出演示器具“希望点”的个数为79个，交流后提出演示器具“希望点”的个数增加57个；第二组的学生在交流前提出演示器具“希望点”的个数为94个，交流后提出演示器具“希望点”的个数增加66个。这里不仅有“头脑风暴法”的影响，还说明有希望点列举法的作用，希望人人都有，人们总是憧憬着未来，在希望和追求中生活。每一个希望的背后都存在着新的问题和矛盾，希望就是发现和提示创新的方向和目标。根据列举出来的希望点都有可能进行创造发明。希望点列举法可以让人们主动去思考，可不受原有事物的束缚自由想象，是一种很好的创造技法。

在“缺点列举法”和“头脑风暴法”专题实验中，第一组的学生在交流前提出“浮沉子”演示器具缺点的个数为66个，交流后提出“浮沉子”演示器具缺点的个数增加61个；第二组的学生在交流前提出“浮沉子”演示器具缺点的个数为61个，交流后提出“浮沉子”演示器具缺点的个数增加50个。这里也不仅有“头脑风暴法”的影响，还说明缺点列举法的作用，任何产品或事物总存在缺点或不足之处，演示实验也不例外，但并不是所有的人都会寻找缺点。人的心理惰性往往有一种心理障碍，认为现在的事物能达到如此水平和完善程度已经差不多了，由于对现有事物比较满意，也就不会主动去发现缺点、改进设计。因此，应用缺点列举法要有精益求精的思想基础。只要通过我们认真观察分析，肯定能找出需要改进的缺点，寻找解决方案，就可形成创意的新设想、新方案。

实验后，针对物理师范生创造性思维的流畅性是否提高，在问卷中编制了两个问题。问题1是：“我针对某一生活器具、材料设计实验时，能利用‘借用’、‘改变’、‘扩大’、‘缩小’、‘组合’和‘颠倒’等多种思路。”调查结果见表6－9，在实验组中，表示“肯定”和“非常肯定”达86.7%，还有13.3%表示“既不肯定也不否定”，说明大部分物理师范生通过培训，理解了“检核表法”的思路，还有少部分物理师范生对“检核表法”只是了解，还没有达到理解的程度。问题2是：“我利用生活材料、物品设计物理实验的主意增多了。”调查结果显示，表示“肯定”和“非常肯定”达93.3%，这说明绝大多数物理师范生利用“非常规”物理实验的培训，创造性思维的流畅性得到提高。调查基本反映了物理师范生创造力测量的结果。

表 6-9 调查问卷统计表

题号	问卷内容	非常肯定	肯定	既不肯定也不否定	否定	强烈否定
1	我针对某一生活器具、材料设计实验时，能利用“借用”、“改变”、“扩大”、“缩小”、“组合”和“颠倒”等多种思路	13.3%	73.4%	13.3%	0	0
2	我利用生活材料、物品设计物理实验的主意增多了	23.3%	70%	6.7%	0	0
3	我利用生活材料设计物理实验时，能从多个教学主题去联想	23.3%	60%	16.7%	0	0
4	我针对某一生活器具、材料设计实验时，不仅能想到它的“整体”可否设计什么物理实验，而且能想到对其进行改造，看它“部分”能否设计什么物理实验	13.4%	66.7%	19.9%	0	0
5	我针对某一生活器具、材料设计实验时，除了模仿外，还能想出与众不同的方案	20%	63.3%	16.7%	0	0
6	我针对某一生活器具、材料设计实验时，自己的想法增多了	40%	53.3%	6.7%	0	0
7	我针对某一生活器具、材料设计实验时，能关注设计方案中加工制作方面的细节，使方案更趋完美	23.3%	63.3%	13.4%	0	0
8	我在利用某一生活物品、材料设计实验时，同时能想到实验的原理及操作步骤	16.7%	70%	13.3%	0	0

6.4.2 关于创造性思维的变通性分析

创造性思维的变通性是以流畅性为前提的，只有思维流畅了，才能谈变通。检核思考是一种多向发散的思考。广思以后再进行深思和精思，这是创造性思维的思考规律。由于心理习惯使然，人们很难对同一问题从不同方向和角度去思考，这就给广思造成障碍，而运用检核表法，可以在一定程度上帮助人们进行有效的广思。因为检核表法的设计特点就是多向思维，它用多条提示引导人们去发散思考，使人们的思维角度和思维目标更丰富。物理师范生在实验中利用“检核表法”改进“浮沉子”和“简易电动机”就能迅速灵活地从一个思路跳到另一个思路，从一种意境进入另一种意境，从多角度、多方位地探索、解决问题。“特性列举法”也是这样，从环境中的某一具体实物的各个特性出发，联想中学物理教学主题，物理师范生的思路更易变通。

实验后，针对物理师范生创造性思维的变通性是否提高，在问卷中编制了两个问题。问题3是：“我利用生活材料设计物理实验时，能从多个教学主题去联想。”调查结果见表6－9，在实验组中，表示“肯定”和“非常肯定”达83.3%，这说明大部分物理师范生还是熟悉中学物理知识点的，通过培训，再利用生活材料设计物理实验时，应用物理知识时能得心应手。还有少数物理师范生可能对中学所学的物理知识有遗忘现象，不敢肯定能从多个教学主题去联想，但也不否定。问题4是：“我针对某一生活器具、材料设计实验时，不仅能想到它的‘整体’可否设计什么物理实验，而且能想到对其进行改造，看它‘部分’能否设计什么物理实验。”调查结果显示，表示“肯定”和“非常肯定”达80.1%，这说明大部分物理师范生“革新型”创造力得到提高，还有少数物理师范生的创造力处在由“保守型”向“革新型”转变过程中。

6.4.3 关于创造性思维的新颖性分析

创造性思维的新颖性是流畅性和变通性的归宿，是创造性思维的最高层次。“非常规”物理实验是体验的课程，体验和感悟是学习活动的基本方式。既然学生在课程实施中的体验和感悟不同，那么在学习活动方式的设计上就应给予学生相应的体验和感悟的空间。以学生的天性为中心，以学生的经验为中心，是课程观的两个基本点。这样的课程，才能引导学生有所思、有所感、有所悟。在实验中可以看出，他们掌握了创造技法后，能超越固定的、习惯的认知方式，以前所未有的新角度、新观点去认识事物，提出不为一般人所有的、超乎寻常的新观念。

实验后，针对物理师范生创造性思维的新颖性是否提高，在问卷中编制了两个问题。问题5是：“我针对某一生活器具、材料设计实验时，除了模仿外，还能想出与众不同的方案。”调查结果见表6-9，在实验组中，表示“肯定”和“非常肯定”达83.3%，这说明大部分物理师范生通过培训，再用生活器具、材料设计实验时，由于生活经历和经验的不同，还是有很多独特的想法。问题6是：“我针对某一生活器具、材料设计实验时，自己的想法增多了。”调查结果显示，在实验组中表示“肯定”和“非常肯定”达93.3%，这说明物理师范生除了生活经历和经验的不同外，由于物理师范生还掌握了创造技法，使他们设计“非常规”物理实验时的思路打开了，有别于他人的想法增多了。

6.4.4　关于创造性思维的精细性分析

创造性思维的精细性是在原来的构想或基本观念上再加上新观念，增加有趣的细节。环境中某种实物本来用途不是做物理实验的，但通过分析其物理特性，可以直接用来呈现某些物理教学主题的相关原理，或者通过人为控制或干预，创造出特定的观察条件，或者通过人为改变结构、与他物组合，形成某种实验器具以呈现预期的物理现象等。另外，物理师范生通过实验制作过程，可以对自己设计的实验方案进行反思，完善实验设计方案的细节。

实验后，针对物理师范生创造性思维的精细性是否提高，在问卷中编制了两个问题。问题7是：“我针对某一生活器具、材料设计实验时，能关注设计方案中加工制作方面的细节，使方案更趋完美。”调查结果见表6－9，在实验组中，表示“肯定”和“非常肯定”达86.6%，这说明通过培训，大部分物理师范生在设计“非常规”物理实验时，能在头脑中想象实验器具的制作过程以及会在制作中遇到的一些问题的解决方法。问题8是：“我在利用某一生活物品、材料设计实验时，同时能想到实验的原理及操作步骤。”调查结果显示，表示“肯定”和“非常肯定”达86.7%，这说明通过培训，大部分物理师范生在设计“非常规”物理实验时，能联想教学主题，并在实验中反映物理现象和规律。在“缺点列举法”和“检核表法”专题实验中，第一组的学生应用缺点列举法改进“浮沉子”演示器具，设计实验方案数为18个，通过检核表法还能设计实验方案数增加18个；第二组的学生应用缺点列举法改进“浮沉子”演示器具，设计实验方案数为19个，通过检核表法还能设计实验方案数增加26个。这说明按照检核表法进行检核思考，可以使学生的思路更开阔、想象更丰富。只要我们掌握了检核表法，就可以使我们尽快地集中精力朝着设问所提示的目标和方向进行创造发明。

6.4.5 综合分析

高师院校物理教育忽视学生创造性的培养是多方面的，但对于创造技法的学习与训练不够重视是其中的一个重要方面。不可否认，创造技法的学习与训练固然不是提高学生创造力的唯一途径，提高创造力的根本途径是日常的学科教学和各种实践活动，但是，这并不是说完全不要方法的学习和训练。创造技法的学习与训练可以使学生有意识地、自觉地去进行创造活动，提高创造的兴趣，培养创造的热情。另外，学生进行创造性的学习，也需要一定方法的引导，创造技法的学习与训练能有效地启发学生的思维，使他们探索出结合自身特点和专业特色的创造性学习方法。同时，实践表明，创造技法的学习和训练对提高学生的创造力确实是有帮助的。创造技法的学习和训练使学生少走弯路，弥补创造经验的不足，有利于学生尽早进行创造的实践，从而发展他们的创造力。

“非常规”物理实验是利用学生日常生活、手边、身边的物品开展的简易实验教学活动，在这样的实验教学活动中，学生固有的好奇心与求知欲通过科学的引导，会产生对周围事物进行探索的主动性。由于探究的事物在生活中容易获得，没有实验戒律的限制，心理松弛，可以真正实现按照学生自己的意愿自主进行摸索，生成具有个体特征的知识结构，体现出个体的个性、独特性与创造性。而这种放松的学习、探索过程，在学校实验室内开展的常规物理实验教学是很少有的，资源量、时间和规则的限制，使得常规物理实验的很多教学目标不能达成。所以，“非常规”物理实验的“广泛性”为学生在物理学习过程中发挥主动性、自主性和创造性奠定了物质条件基础。

从附录 6 刘焱同学在培训过程的表现我们可以看到，以“非常规”物理实验方案设计为手段、以“创造技法”为主要方法，对物理师范生实施专题培训后，刘焱同学能在较短时间内想出许多实验设计方案，思维更加敏捷，在设计实验方案时能做到触类旁通、举一反三，在创造力测量时，创造性思维的流畅性、变通性、新颖性、精细性得到明显提高。

从附录 6 中刘焱同学设计的实验方案中可以看出，她设计的实验方案只是体现了她的“自我实现的创造能力”，并不具有“特殊才能的创造能力”，对专家或老师来说，这些方案并不算新鲜的东西，但仍然至关重要，开发学生“自我实现的创造能力”，这也是向“特殊才能的创造能力”转化的必要前提和基础。同时，我们能看到学生的设计来源于自己的生活经验和体验，这正好体现了物理新课改的基本理念“从生活走向物理，从物理走向社会”，我们的物理教学应是联系生活的学习，学生在日常生活和实践中积累了丰富的经验，这是一种珍贵的教学资源。教师要善于发现、挖掘和利用这些生活经验，开发物理实验课程资源，这对提高学生的学习兴趣，引导学生深入理解和应用物理知识，培养学生科学创新思维能力都有着积极意义。通过联系生活的学习，学生不但获得日常生活的知识，而且形成了积极的生活态度，使学生的情感、态度、价值观得到升华。

6.5 “非常规”物理实验课程设置探讨

“非常规”物理实验的教学地位决定了高师院校必须加强物理师范生“非常规”物理实验教学能力的培养。在做利用“非常规”物理实验培养高师物理师范生创造力的实验研究时，通过开放式问卷调查：“针对这样的培训对物理师范生来说是否有收获？以及今后怎样进行这样的培训？”师范生认为培训的最大收获是：提高了关注生活的能力，意识到物理实验与生活息息相关，会多角度思考生活中常见物品的用途；利用生活材料设计物理实验的意识提高了，思路敏捷了，想法增多了，考虑问题更全面了；认识到物理实验可以简单化、多样化，对同一物理现象可用不同实验和不同方法去验证或探究；动手能力增强了，认识到想和做不是一回事；毅力得到锻炼；对物理实验更感兴趣，对物理这门课更感兴趣了。师范生提的建议有：先让师范生讲述自己设计的实验方案，提高师范生的表达能力，接着，同学之间互相讨论，修改实验方案，最后，一定要鼓励师范生亲手完成自己设计的实验方案，让师范生理解理论一定要得到实践的检验。应大力发展这样的培训，最好是发展成为一门课程。

以“非常规”物理实验方案设计为手段、以“创造技法”为主要方法，对高师物理师范生实施专题培训，能够使他们的创造力得到明显提高，可以使他们初步形成开发实验课程资源的核心能力，高师院校物理学专业开设相关的课程是可行的。当然，仅仅具备课程资源开发设计的核心能力是不够的，还需要通过课程实施，更新师范生的观念，使他们高度认识“非常规”物理实验的教育价值和意义，并将设计开发和运用结合、理论与实践结合，在实践中增长才干，这样，才能真正促进即将走向教学岗位的师范生提高“非常规”物理实验教学能力。现结合笔者对师范生的培训，谈谈“非常规”物理实验研究课程设置的想法。

6.5.1 课程目的

高师物理学专业“非常规”物理实验研究课程的目的应该是：更新师范生的教育观念，使他们高度认识“非常规”物理实验的教育价值和意义；有助于师范生继续学习基本的物理知识与技能；体验科学探究过程，了解科学研究方法；培养师范生对环境中潜在课程资源的开发利用能力；增强创新意识和实践能力，发展探索自然、理解自然的兴趣与热情；为师范生终身发展，成长为专家型物理教师打下基础。

6.5.2 课程内容

由于“非常规”物理实验教学能力是基础教育课程改革对未来物理教师提出的新要求，高师院校物理学专业应开设“非常规”物理实验研究选修课，其内容可包括：（1）“非常规”物理实验教育价值和意义；（2）“非常规”物理实验概念辨析；（3）“非常规”物理实验的理论基础；（4）制作“非常规”物理实验器具常用材料和器材；（5）“非常规”物理实验器具制作技巧；（6）“非常规”物理实验方案与器具开发设计研究；（7）“非常规”物理实验方案与器具的评价。

6.5.3 授课方式

对于基本理论的讲解宜采用专题研讨的形式进行授课，最好是做好每一专题的幻灯片，采用讲授—讨论法进行授课。其步骤为：首先要吸引师范生的注意力，提高他们对专题的兴趣；然后，呈现新材料，将新信息输入到师范生的工作记忆中；在监控师范生理解时，激发他们的积极主动，帮助信息编码进入长时记忆中；最后，巩固新知识的内在联系及其与先前知识的联系，增加内容的意义。

对于“非常规”物理实验器具常用材料和器材的介绍，以及“非常规”物理实验器具制作技巧的讲解，教师在授课时应把常用材料和器材分类、分批提供给师范生，让师范生通过阅读实验器材说明书等资料，自主学习各类器材的性能、构造、原理、注意事项及使用方法。教师此时的角色是实验技术人员，为师范生提供服务和帮助。教师以提问和让师范生操作表演的形式，把握每个师范生对实验器材的熟悉和使用情况，并及时纠正、指导、示范。教师也可以组织师范生在小组内互设故障游戏，相互检查，纠正不当的操作行为。

对于“非常规”物理实验方案与器具的开发设计制作宜采用小组研究性学习（图6-16），其具体实施过程如下：

（1）教师提出课题性问题或任务，师范生由此开始进行研究性学习。同时，教师要强调实验设计的要求、实验设计制作的注意事项和有关安全事项。

（2）将师范生随机分成若干小组，每组以3～4人为宜，师范生根据课题性问题或任务进行独立自主思考，主动探究问题。在原有知识和经验的基础上，人人猜想、想象、直觉，努力形成各自的实验设计方案。教师深入各组观察师范生的实验设计进展情况。

（3）当师范生独自思考形成各自的实验设计方案后，教师安排师范生小组内进行交流、讨论、合作，对设计的实验方案进行修改、完善，形成小组集体的智慧。教师深入各组倾听讨论，同时，进行必要的指导。

（4）依据教学时间安排和具体课堂教学进展，安排师范生轮流发表各组的实验设计方案。最好不要安排本人讲解，而是安排与实验设计方案原创者同组的师范生进行讲解，这有助于观察同组师范生是否进行了充分的交流与合作，同时，考察师范生是否倾听别人的思考过程。

（5）各组师范生倾听所有实验设计方案后，由于"头脑风暴"，各组师范生继续进行交流、合作、探讨，互相激励，同时继续完善自己的实验设计方案，并动手制作设计作品，教师巡视，帮助解决制作过程出现的问题。

（6）分别请各组师范生轮流上台，选派代表，进行作品展示，并予以讲解，教师最后对师范生的实验设计制作作品进行点评，并表扬他们在实验过程中的闪光点。

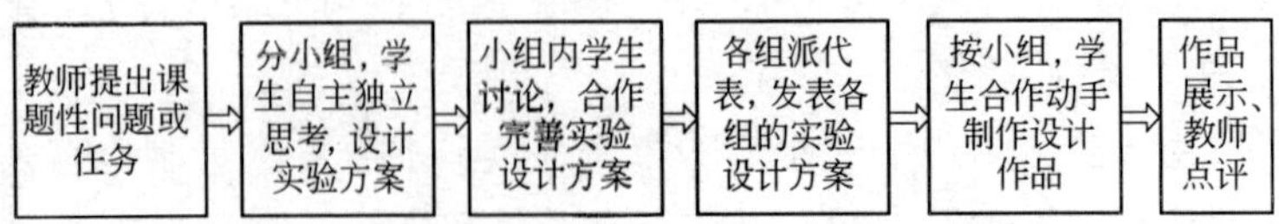

图6－16　"非常规"物理实验方案与器具开发设计过程

6.5.4 课程的评价

优质的教学离不开科学的评价，科学合理的评价是教学活动的重要环节，也是教学目标顺利实现的保证。传统测验性评价使用最多的是纸笔性质的成就测验，无论是客观题，还是主观题，都在以往的教学评价中发挥了重要的作用，但是人们也越来越多地认识到传统测验的一些弊端。这主要体现在：首先，传统测验主要考察的是低水平的书本知识、孤立的内容和技能；其次，传统测验难于评价学生在真实世界中的表达能力、创新能力与实践能力等高度综合的重要心智技能，出现了一些“高分低能”的教育产品；再次，传统测验只注重结果，没有考虑到学生对问题的解决过程。因此，对“非常规”物理实验研究应采用小论文与小制作相结合真实性评价的形式，全面完整地评价师范生。

真实性评价应该至少包括一项真实性任务，在真实性评价中，师范生通过解决问题，能够展现其理解水平的方式应用信息，展现其对已有知识能力的驾驭能力。在“非常规”物理实验研究课程评价中，通过小论文与小制作相结合的真实性评价来检验师范生的表达能力、思维能力、实践能力。它提供师范生真实的问题，以供师范生应用相关知识、技能、态度及智慧，其评价具有生态性。

附　录

附录1

"创造力"测量1

创造性是一种神奇的品质，专家们对如何界定和测量创造力提出了很多不同的方法。创造力专家E. 保罗·托兰斯博士区分出了创造力的四种特征：

(1) 流畅性（你想到了多少主意?）

(2) 变通性（你想到了多少不同种类的主意?）

(3) 新颖性（你的思路是自己的，还是借来的?）

(4) 精细性（你的思路有多具体?）

你可以用这四种特征来衡量自己的创造性。你或许会大吃一惊!

仔细观察下面的图片。根据它们的形状和结构特征设想它们的各种用途，你认为它们是什么？你认为它们可能会是什么？尽力提出更多的想法。请把你的想法写出来（不会写的字用拼音标注）。勇敢些，疯狂些！答案无所谓对或错。准备5min。

评分标准：

(1) 流畅性（你想到了多少主意?）提示：每想到一条主意得1分。

(2) 思维的变通性（你想到了多少种不同的思路?）提示："种"可以想成类别。一个类别可以是"衣服"、"食物"、"动物"、"家具"等。例如，如果你对图 B 写下了

“牛仔帽”和“阔边帽”，这两个答案属于同一类别，那么你得1分。如果你写的是“牛仔帽”、“蛇”和“垫座”，那么给自己3分。

（3）新颖性（你的思路是自己的，还是借来的?）提示：全班同学一起做这个测验，那么对比你们的答案，和你相同的答案数小于或等于总人数的5%，你的答案就是新颖的。对每个新颖的想法记1分。

（4）精细性（你的思路有多具体?）提示：对你写到的每一个形容词、副词和动词（表示动作）计1分。

例如，“桌上的阔边帽”1分都没有，“躺在桌上的阔边帽”计1分（因为“躺”）。“均衡地戴在一位骑车老人头上的稻草扎的阔边帽”计4分（因为“稻草扎的”、“均衡地”、“老人”、“骑车”）。

好了吗？预备，开始！

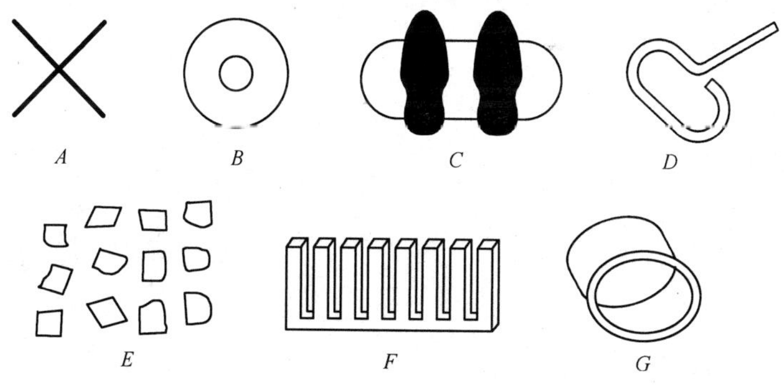

“创造力”测量 2

“创造力”测量 2 的评分的 4 条标准同“创造力”测量 1，下面给出图 A ~ 图 G。

好了吗？预备，开始！

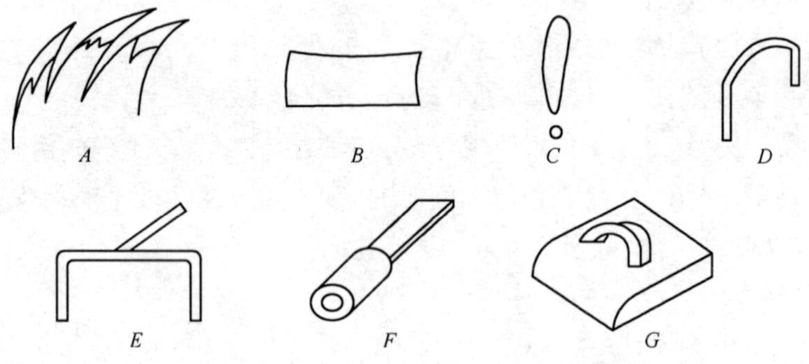

附录 2

实验方案设计卡片

班级　　　姓名　　　性别　　　班级　　　姓名　　　性别

方案序号：	方案序号：
主要器材： 辅助器材：	主要器材： 辅助器材：
实验设计示意图：	实验设计示意图：
实验步骤：	实验步骤：

附录 3

“非常规”物理实验制作

实验一：做简易电动机时，作成正六边形线圈。

实验二：做简易电动机时，作成两个方形线圈，合并成一个转子。

实验三：做简易电动机时，将漆包线在饮料瓶上缠绕成一个大圆圈，代替线圈。

实验四：做简易电动机时，在简易电动机的线圈旁安装一个标志，以便观察。

实验五：做简易电动机时，只用漆包线、一节干电池和一块小磁铁。

实验六：做简易电动机时，用曲别针作成支架，绕一个小线圈。

实验七：做简易电动机时，作成椭圆形线圈。

实验八：做简易电动机时，用易拉罐皮做成线圈。

实验九：做简易电动机时，作成大的长方形线圈。

实验十：对“浮沉子”，通过在饮料瓶的瓶塞上插入一个大的注射器，来改变压强。

实验十一：对“浮沉子”，通过在饮料瓶的瓶塞上插入一个打气筒，来改变压强。

实验十二：将“浮沉子”的饮料瓶换成食油桶，小药瓶换成黑色的，便于观察。

实验十三：取一个易拉罐，装上一部分开水，封住口，放入冷水中，易拉罐会变瘪。

实验十四：取一个易拉罐，截下易拉罐中间的铝合金皮，把它作成长度相同、宽度不同，宽度相同、长度不同的铝合金条，验证电阻的大小与导体的长度和横截面积的关系。

实验十五：取一个易拉罐，在其侧壁不同高度打3个孔，用胶带粘住，向易拉罐中注满水，扯下胶带，观察水的喷射情况。验证液体的压强随深度的增加而增大。

实验十六：取一个易拉罐，用橡皮泥堵住口，放置在水槽中，易拉罐漂浮在水中，若踹瘪易拉罐，放置在水槽中，易拉罐将下沉。

实验十七：取两个纸杯，各在杯底开一个孔，用长细绳把它们连接起来，就作成土电话了。

实验十八：在纸杯的上面放一张硬纸片，在硬纸片的上面放一个小钢球，快速抽掉硬纸片，发现小钢球会掉进纸杯内。

实验十九：用导线把电池、灯泡、开关连接起来，电路中留两个线头裸露的放入纸杯中，闭合开关，灯泡不亮，若在纸杯中倒入水，灯泡就亮了。

实验二十：用纸杯装满沙子，作成单摆，在纸杯的底部扎一个小孔，让纸杯摆动，就会发现地上的沙子多少不一样。

附录4

调查问卷

亲爱的同学：

您好！

通过本阶段的训练，请您如实填写基本情况，并认真阅读测试题目，对单选题，请在最适合您的选项上面画“√”，对开放题，请把您的切实感受写出来。本调查问卷采用不记名方式，为保证调查质量，请您如实填写，不要空填。衷心感谢您的支持与合作。

基本情况：

所在班级________民族________性别____家庭所在地：A城市、B郊区、C农村、D牧区

一、单选题。

说明：表中右侧的数字4、3、2、1、0依次代表程度从高到低（4：非常肯定；3：肯定；2：既不肯定也不否定；1：否定；0：强烈否定），请您将自己的看法在反映程度的数字下面画“√”。

序号	选　　项	您认为符合程度				
1	我针对某一生活器具、材料设计实验时，能利用“借用”、“他用”、“改变”、“扩大”、“缩小”、“组合”和“颠倒”等多种思路	4	3	2	1	0
2	我利用生活材料、物品设计物理实验的主意增多了	4	3	2	1	0
3	我利用生活材料设计物理实验时，能从多个教学主题去联想	4	3	2	1	0
4	我针对某一生活器具、材料设计实验时，不仅能想到它的“整体”可否设计什么物理实验，而且能想到对其进行改造，看它“部分”能否设计什么物理实验	4	3	2	1	0
5	我针对某一生活器具、材料设计实验时，除了模仿外，还能想出与众不同的方案	4	3	2	1	0

续表

序号	选　　项	您认为符合程度				
6	我针对某一生活器具、材料设计实验时，自己的想法增多了	4	3	2	1	0
7	我针对某一生活器具、材料设计实验时，能关注设计方案中加工制作方面的细节，使方案更趋完美	4	3	2	1	0
8	我在利用某一生活物品、材料设计实验时，同时能想到实验的原理及操作步骤	4	3	2	1	0
9	我利用生活材料设计物理实验的意识提高了	4	3	2	1	0
10	我认为用生活材料设计开发物理实验方案有利于培养物理师范生在遇到困难时，能够持之以恒地去解决疑难问题、不达目的决不罢休的毅力	4	3	2	1	0
11	我利用生活材料设计物理实验的动手能力提高了	4	3	2	1	0
12	我认为物理师范生利用生活材料、物品、器具开发设计物理实验这项能力有必要进行专门培训	4	3	2	1	0
13	我认为利用生活材料设计物理实验对中学生的创造性培养是有利的	4	3	2	1	0

二、开放题

通过本阶段的训练，您认为您最大的收获是什么，您对这样的培训有什么建议？

附录 5

用“一次性纸杯”设计“非常规”物理实验方案统计（第一组）

第一阶段的方案统计：

方案 1：光的折射

在纸杯中装上水，将筷子放入水中，观察筷子向上弯折。

方案 2：离心力

在纸杯口的边缘穿 3 个孔，用绳子固定，然后在纸杯中装上水，让纸杯在竖直平面内做圆周运动，纸杯中的水不会流出。

方案 3：覆杯实验

纸杯内装满水，用硬纸片盖着，倒立过来，硬纸片不会掉下。

方案 4：测滑动摩擦系数

在纸杯内装一定量的沙子，用弹簧秤拉着纸杯在水平木板上做匀速直线运动，记下弹簧秤的示数，增加沙子，重复实验，通过 $F=\mu N$ 计算 μ。

方案 5：土电话

取两个纸杯，各在杯底开一个孔，用长细绳把它们连接起来，就作成土电话了。

方案 6：纸杯烧水

用纸杯烧水，纸不会燃烧，说明纸的着火点比水的沸点高。

方案 7：失重现象

在纸杯的底部钻一个孔，装上水，让纸杯从高处落下，观察在下落过程中水是否流出。

方案 8：大气压强

在纸杯的底部塞一团纸，倒扣在大水槽中后拿出，观察纸团是否浸湿。

方案9：温度越高，分子做无规则运动加快

在两个纸杯中分别装上凉水和开水，然后分别滴一滴墨水，观察水变黑的快慢。

方案10：小孔成像

（1）用锥子在纸杯底部扎一个小孔（孔的形状可不同），对着太阳，观察地上的亮斑的形状。

（2）在纸杯的底部开一个小孔，对准点燃的蜡烛，将会在另一侧形成蜡烛清晰倒立的像。

方案11：测金属块的体积

在纸杯中注满水，将金属块放入水中，收集溢出的水，测出质量，计算出水的体积即为金属块的体积。

方案12：惯性现象

（1）在纸杯的上面放一张硬纸片，在硬纸片的上面放一个小钢球，快速抽掉硬纸片，发现小钢球会掉进纸杯内。

（2）在纸杯内装一半的水，当杯子突然向前运动，观察水面的情况。

方案13：描绘简谐振动的运动轨迹

用纸杯装沙作为单摆的振子，单摆的下面放一张硬纸板，在纸杯的底部开一个小孔，让单摆在小于5°的情况下振动，缓慢拉动硬纸板，在硬纸板上将留下沙子的痕迹，即为简谐振动的运动轨迹。

方案14：漂浮现象

在纸杯中装一定量的水，让纸杯漂浮在水面上。

方案15：物体所受浮力与物体的体积无关而与排开液体的体积有关

将石子直接放入水中，石子下沉；若将石子放入纸杯后再放入水中，石子就不下沉了。

方案 16：物体间不相互接触也会发生力的作用

将小铁块放入纸杯中，在纸杯的底部放一块条形磁体，来回移动磁体，就会发现小铁块也在移动。

方案 17：筷子提米

在纸杯中装一定量的米，把筷子插入米中压紧，提起筷子，纸杯也被提起。

方案 18：虹吸现象

将两个纸杯放在不同的高度，高处的杯子装满水，把橡皮管放入水中，在另一端用嘴吸完橡皮管中的空气后放入另一纸杯中，水就从高处流向低处。

方案 19：测重力加速度

(1) 将纸杯装沙，用线悬挂起来，作成单摆，测重力加速度。

(2) 用纸杯装沙代替重物，用打点计时器测重力加速度。

方案 20：测物体的密度

在纸杯中注满水，用排水法测出物体的体积，用天平称出物体的质量，就可以计算物体的密度。

方案 21：物体的质量不随物体的形状的改变而改变

用天平称出纸杯的质量；然后，把纸杯剪成碎片，再称其质量。比较两次的结果。

方案 22：压强随深度的增加而增大

在纸杯的侧壁不同高度打孔后，用胶带封住，装满水，扯下胶带，观察水喷射的距离。

方案 23：力可以改变物体的形状

用手捏纸杯，发现纸杯变形了。

方案 24：长度的测量

用游标卡尺可测纸杯的深度、厚度。

方案 25：滑动摩擦力和压力的关系

在纸杯中装不同质量的沙子，分别用弹簧秤测出纸杯在桌面上滑动时的摩擦力。

第二阶段的方案统计：

方案 1：水是导体

用导线把电池、灯泡、开关连接起来，电路中留两个线头裸露的放入纸杯中，闭合开关，灯泡不亮，若在纸杯中倒入水，灯泡就亮了。

方案 2：共振现象

在铁架上固定用不同长度的绳子系着的纸杯，外力使铁架振动，纸杯也会振动，观察两个纸杯的振动情况。

方案 3：重力加速度与质量无关

取 5 个纸杯叠放在一起和取 10 个纸杯叠放在一起作为两个物体，让它们从同一高度同时落地，比较它们落到地面的时间。

方案 4：观察水的沸腾

用纸杯烧水，然后观察水沸腾时的现象。

方案 5：观察做圆周运动物体的速度方向

在纸杯侧壁扎几排小孔，同时在纸杯口的边缘扎 3 个孔，用绳子系上，装上水，让纸杯做圆周运动，观察水从孔中飞出去的方向。

方案 6：溶液导电性的比较

用导线把电池、检流计连接起来，留两个线头放入纸杯，在杯中装不同的液体（水、盐水、蔗糖水）记下检流计的示数。

方案 7：杠杆平衡条件

在杠杆平衡条件的实验中，用纸杯装水代替钩码做实验。

方案 8：水结成冰体积变大

在杯中装适量的水记下水的位置，把它放入冰箱，过一会儿取出来，看结冰后的体积变化。

方案 9：摩擦起电

将纸杯剪成碎片，用尺子摩擦头发，去靠近纸片，发现尺子吸引纸片。

方案10：连通器

在两个纸杯的底部各穿一个孔，用橡皮管连接起来，就构成一个连通器。

方案11：物体的重力势能与物体被举高的高度有关

把纸杯倒放在地面上，让小钢球从不同的高度落下，看纸杯被损坏的情况。

方案12：空气能传声

在纸杯中注满水，将敲响的音叉放在水杯附近，观察看水面是否振动。

方案13：测重力加速度

在纸杯的底部开一个小孔，然后用胶带粘住，装一定量的水后放在高处，扯开胶带，水滴下落，记下20滴水下落的时间，求出一滴水下落的时间，同时测出纸杯距落地点的高度，就可以计算重力加速度。

方案14：判断物体是导体还是绝缘体

用导线把电池、灯泡、开关、电夹连接起来，当电夹夹住纸杯的两端时，闭合开关，灯泡不亮；而当电夹夹住硬币的两端时，闭合开关，灯泡亮。说明纸杯是绝缘体，硬币是导体。

方案15：光的折射

在纸杯内放一枚硬币，当人恰好看不见硬币时，向杯内注水，当水注到一定深度时，硬币又能看见了。

方案16：研究定滑轮和动滑轮

在纸杯中装沙，用线悬挂起来，先用定滑轮提起纸杯，测出弹簧秤的示数；再用动滑轮提起纸杯，测出弹簧秤的示数。进行比较。

方案17：物体浮沉条件

取一定面积的铁皮，把它作成盒状，再取一体积和盒子相同的铁块，把它们分别放入装有水的纸杯中，观察它们的状态。

方案18：反冲运动

将火药放在地面上，点燃火药，用纸杯盖住火药，观察纸杯的状态。

方案19：全反射现象

在纸杯中注满水，放入暗室中，用激光沿不同的角度射向水面，观察什么情况下，发生全反射现象。

用"一次性纸杯"设计"非常规"物理实验方案统计（第二组）

第一阶段的方案统计：

方案1：水结成冰体积变大

在杯中装适量的水记下水的位置，把它放入冰箱，过一会儿取出来，看结冰后的体积变化。

方案2：纸杯烧水

用纸杯烧水，纸不会燃烧，说明纸的着火点比水的沸点高。

方案3：覆杯实验

纸杯内装满水，用硬纸片盖着，倒立过来，硬纸片不会掉下。

方案4：单摆的周期与摆长有关

用纸杯装水代替单摆的摆球，用针在纸杯的底部扎一个孔，可以看到单摆越摆越慢。

方案5：扩散现象

在纸杯中装水，滴一滴墨水，过一会儿，整杯水都变黑了。

方案6：测水的温度

用纸杯装热水，用温度计测水的温度。

方案 7：温度越高，分子做无规则运动加快

在两个纸杯中分别装上凉水和开水，然后分别滴一滴墨水，观察水变黑的快慢。

方案 8：光的折射

在纸杯中装上水，将筷子放入水中，观察筷子向上弯折。

方案 9：测质量

用天平称出 5 个纸杯的质量，求出一个纸杯的质量。

方案 10：压强随深度的增加而增大

在纸杯的侧壁不同高度打孔后，用胶带封住，装满水，扯下胶带，观察水喷射的距离。

方案 11：惯性现象

纸杯内装水，在它的上面放一张硬纸片，在硬纸片的上面放一个鸡蛋，快速抽掉硬纸片，发现鸡蛋会掉进纸杯内。

方案 12：判断物体是导体还是绝缘体

用导线把电池、灯泡、开关、电夹连接起来，当电夹夹住纸杯的两端时，闭合开关，灯泡不亮；而当电夹夹住硬币的两端时，闭合开关，灯泡亮。说明纸杯是绝缘体，硬币是导体。

方案 13：验证单摆摆动时各点的速度大小

用纸杯装满沙子，作成单摆，在纸杯的底部扎一个小孔，让纸杯摆动，就会发现地上的沙子多少不一样。

方案 14：土电话

取两个纸杯，各在杯底开一个孔，用长细绳把它们连接起来，就作成土电话了。

方案 15：筷子提米

在纸杯中装一定量的米，把筷子插入米中压紧，提起筷子，纸杯也被提起。

方案 16：物体的质量不随物体的形状的改变而改变

用天平称出纸杯的质量；然后，把纸杯剪成碎片，再称其质量。比较两次的结果。

方案17：压强与受力面积的关系

（1）取两个相同的纸杯，一个正放、一个倒放在沙地上，用相同的砝码压在上面，看哪一个陷得更深。

（2）把相同的木板分别平放在四个纸杯上和一个纸杯上，在木板上加相同的重物，看谁先倒。

方案18：小孔成像

在纸杯的底部开一个小孔，对准点燃的蜡烛，将会在另一侧形成蜡烛清晰倒立的像。

方案19：物体受到的浮力与物体排开水的体积有关

将纸杯装石子使其漂浮在水面上，继续加石子，发现纸杯在水中的深度更深。

方案20：相对静止

在纸杯的侧壁钻一个孔，装上水，让纸杯从高处落下，观察在下落过程中水是否流出。

方案21：表面张力

将纸杯装满水，把针小心地放在水面上，针能漂浮在水面上。

方案22：测滑动摩擦系数

在纸杯内装一定量的沙子，用弹簧秤拉着纸杯在水平木板上做匀速直线运动，记下弹簧秤的示数，增加沙子重复实验，通过 $F=\mu N$ 计算 μ。

方案23：测重力加速度

用纸杯装沙代替重物，用打点计时器测重力加速度。

方案24：用天平称不能直接放入托盘的物体的质量

在天平的两个托盘中放入相同的纸杯，可以称不能直接放入托盘物体的质量。

方案 25：液化现象

将纸杯放入冰箱一段时间，取出后发现纸杯上有水珠。

方案 26：长度的测量

用游标卡尺可测纸杯的深度、厚度。

第二阶段的方案统计：

方案 1：大气压强

纸杯装满水后倒扣在大水槽中，纸杯内有水，若扎破纸杯的底部，水就全流回水槽。

方案 2：空气阻力与物体的大小有关

用同样的力向同一方向扔出质量相同的纸杯和玻璃珠，玻璃珠被扔得更远。

方案 3：体积相同的不同物质质量不同

在两个相同的纸杯中装上同体积的水和果汁，放在天平的两个托盘中，天平是不会平衡的。

方案 4：滑动摩擦与正压力有关

在桌面上放置两个纸杯，其中一个装满水，人用力去推，推动纸杯所用的力是不同的。

方案 5：能量在传播过程中有损失

在纸杯中装满沸水，用手直接接触沸水或用手接触纸杯壁温度是不同的。

方案 6：纸和铁的导热性能不同

在纸杯和铁杯中装同样的沸水，用手去感觉温度是否相同。

方案 7：力可以改变物体的形状

用手捏纸杯，发现纸杯变形了。

方案 8：光的衍射

用针将一个黑色的纸杯底部扎一个小孔，对着日光灯看，会出现彩色的条纹。

方案 9：黑色物体吸收热辐射本领强

用凸透镜聚光对着白色的纸杯，看纸杯多长时间燃烧；若用凸透镜聚光对着黑色的纸杯，再看纸杯多长时间燃烧。比较一下。

方案10：用滚动代替滑动可以减少摩擦

用弹簧秤水平拉笔记本在桌面上匀速运动，记下弹簧秤的读数；再用弹簧秤水平拉笔记本在桌面上的纸杯上匀速运动，记下弹簧秤的读数。比较两次的读数。

方案11：潜望镜

用几个去底的纸杯作成“L”形状，在拐角处放置平面镜，作成潜望镜。

方案12：物体的重力势能与物体被举高的高度有关

把纸杯倒放在地面上，让小钢球从不同的高度落下，看纸杯被损坏的情况。

方案13：小孔成像

用锥子在纸杯底部扎一个小孔（孔的形状可不同），对着太阳，观察地上的亮斑的形状。

方案14：重力加速度与质量无关

取5个纸杯叠放在一起和取10个纸杯叠放在一起作为两个物体，让它们从同一高度同时落地，比较它们落到地面的时间。

方案15：比较密度

在托盘天平的两个托盘中分别放上纸杯，一边装水，一边装煤油，当它们质量相等时，可发现水的体积比煤油的小，说明水的密度比煤油的大。

方案16：电容的大小与介质有关

把电源、电容器、滑动变阻器、电流表、开关用导线连接起来，闭合开关，电流表有示数，在电容器的极板之间插入纸杯的硬纸片，电流表的示数变化。

方案17：测浮力

在纸杯中装满水放入烧杯中，将木块放入纸杯中，用量筒测出排开水的体积，算出木块受水的浮力。

方案 18：增加声音的响度

把纸杯的底去掉，套在嘴上说话，比平常的声音大。

方案 19：光沿直线传播

在灯和光屏之间放一个纸杯，在光屏上能看到纸杯的影子。

附录 6

刘彦同学在整个培训过程中的表现

1. 创造力测量 1

测试结果：［流畅性：33 分，变通性：26 分，新颖性：2 分，精细性：21 分］

A：①立在马路边禁止通行的标志；②画的叉；③贴在门上的封条；④画在靶心上的标志。

B：①面包圈；②放在船边的白色救生圈；③茶杯盖；④井口；⑤衣扣；⑥偷窥的眼睛；⑦喊话的喇叭；⑧蜷着的蜗牛。

C：①鞋架上的皮鞋；②凉鞋；③面包；④横握滑板的双手。

D：①钥匙；②锥子；③公共汽车的扶手；④赛道；⑤**烟斗**；⑥锤子；⑦铲子；⑧挂钩。

E：①广告牌；②居民楼；③键盘；④斑点；⑤**攀爬的岩壁**。

F：①梳子；②口琴。

G：①倒着的水桶；②帽子。

（注：加粗项为新颖性。）

2. 用“一次性纸杯”设计“非常规”物理实验方案

交流前：

方案 1：土电话

取两个纸杯，各在杯底开一个孔，用长细绳把它们连接起来，就作成土电话了。

方案 2：纸杯烧水

用纸杯烧水，纸不会燃烧，说明纸的着火点比水的沸点高。

方案3：大气压强

在纸杯的底部塞一团纸，倒扣在大水槽中后拿出，观察纸团是否浸湿。

交流后：

方案4：观察做圆周运动物体的速度方向

在纸杯侧壁扎几排小孔，同时在纸杯口的边缘扎3个孔，用绳子系上，装上水，让纸杯做圆周运动，观察水从孔中飞出去的方向。

方案5：溶液导电性的比较

用导线把电池、检流计连接起来，留两个线头放入纸杯，在杯中装不同的液体（水、盐水、蔗糖水）记下检流计的示数。

3. 演示实验的“希望点”

交流前：

①趣味性 ②安全性 ③器材简单 ④科学性。

交流后：

①减少不利于环境的物质排放 ②尽量不用动物做实验

③对不安全或学生不宜操作的实验，放录像给学生看。

4. “浮沉子”的缺点

交流前：

①原理不突出 ②不能定量研究 ③瓶壁太硬，不易变形，操作困难

交流后：

①方法不够巧妙 ②可见度不大，实验时双手握瓶时，会将大部分瓶挡住

5. 对照缺点改进“浮沉子”

方案：把“浮沉子”的小药瓶的内壁涂上不溶于水的荧光物质，可在黑暗中看清小药瓶的下降。

6. 对照“检核表法”改进“浮沉子”和“简易电动机”

改进“浮沉子”：

方案1：对“浮沉子”进行水浴法加热改变饮料瓶内空气的压强。

方案2：把“浮沉子”的饮料瓶换成大水槽，在水槽上密封做一个大活塞，推动活塞改变水槽内空气的压强。

方案3：将“浮沉子”的饮料瓶换成大水桶，小药瓶换成黑色的，便于观察。

改进“简易电动机”：

方案1：在制作简易电动机时，用漆包线绕成圆形的线圈。

方案2：在制作简易电动机时，用曲别针代替导线和支架。

7. 针对易拉罐的“非常规”物理实验方案设计

方案1：利用易拉罐筒状的物理特性

在易拉罐的顶部钻3个孔，用细线固定好，在易拉罐内装半瓶水，让易拉罐在竖直平面内做圆周运动，发现水不会流出。

方案2：利用易拉罐易变形的特性

用力捏易拉罐，易拉罐变形。说明力可以改变物体的形状。

方案3：利用易拉罐“空心”的特性

取一个易拉罐，用橡皮泥堵住口，放置在水槽中，易拉罐漂浮在水中，若踹瘪易拉罐，放置在水槽中，易拉罐将下沉。

方案4：利用易拉罐的导电性

取一个易拉罐，截下易拉罐中间的铝合金皮，可把它加工成导线。

方案5：利用易拉罐的导热性，底面向内凹进成碗状的特性

将易拉罐倒立，在底部凹进处放置一蜡块，用夹子夹住易拉罐进行加热，过一会儿，可发现易拉罐内的蜡块熔化。

方案6：利用易拉罐的导热性，成筒状的特性

取一个易拉罐，装上水，用酒精灯对它进行加热，过一会儿，水就沸腾了。

8. 创造力测量2

测试结果：［流畅性：52分，变通性：49分，新颖性：16分，精细性：41分］

A：①海洋中翻滚起的蓝色浪花；②锋利的熊爪子；③河流的三条支流；④**瀑布**；⑤迎风摇摆的小草；⑥公鸡尾羽；⑦**帽子**；⑧电影院大幕布；⑨**饼干**；⑩涂着彩色指甲的手。

B：①横放在书架上的书；②一辆正在行驶的公共汽车；③一块放在盒子里的肥皂；④板擦；⑤信箱投递口。

C：①提示危险的牌子；②滴入盆中的水滴；③**棒棒糖**；④扳道工使用的改变火车线路的工具；⑤拉链；⑥耳环；⑦**一盆墨绿色的仙人掌**。

D：①火车隧道口；②鱼钩；③拐杖；④马蹄铁；⑤一块磁铁；⑥**订书钉**；⑦拱桥洞；⑧实验用的玻璃U形管。

E：①电视机；②**红色的蜡烛**；③**火柴盒上划着的火柴**；④球门；⑤**铁锅**；⑥蛋糕；⑦**研钵**；⑧洗脸池。

F：①一把刀；②水泥管道；③**自行车车把**；④**一根香肠**；⑤**一支笛子**；⑥地下室入口；⑦卷着的红地毯。

G：①**奥运会比赛场地中的鞍马**；②一座拱门；③**游乐场小孩玩的滑梯**；④倒垃圾的簸箕；⑤一扇门；⑥一个印章；⑦一本益智游戏的书。

（注：字体加粗项为新颖性。）

参 考 文 献

[1] 中华人民共和国教育部制订．全日制义务教育物理课程标准（实验稿）［M］．北京：北京师范大学出版社，2001.

[2] 中华人民共和国教育部制订．普通高中物理课程标准（实验稿）［M］．北京：人民教育出版社，2003.

[3] 张伟，郭玉英，刘炳升．“非常规”物理实验概念探讨［J］．物理教师，2006，27（8）：28.

[4] 张伟，郭玉英．基于情境学习理论的生态化物理教学初探［J］．课程教材教法，2006，26（5）：59－63.

[5] 庄寿强．普通创造学［M］．徐州：中国矿业大学出版社，2001.

[6] 李小平．创造技法的理论与应用［M］．武汉：湖北教育出版社，2002.

[7] 陈龙安．创造性思维与教学［M］．北京：中国轻工业出版社，1999.

[8] 赵小瓴译．测测你的创造力［J］．科学之友，1987，12.

[9] 张文彤，闫洁．SPSS 统计分析基础教程［M］．北京：高等教育出版社，2004.

[10] 张伟．“非常规”物理实验教学理论与实证研究［D］．北京：北京师范大学，2007.

[11] 赵力红，臧文彧编著．高中物理探究性趣味实验［M］．杭州：浙江大学出版社，2002.

[12] 刘炳升．科技活动创造教育原理与设计［M］．南京：南京师范大学出版社，1999.